Y2 39204

Paris

sd

Goethe, Johann Wolfgnag von

Passions du jeune Werther

Partie 1

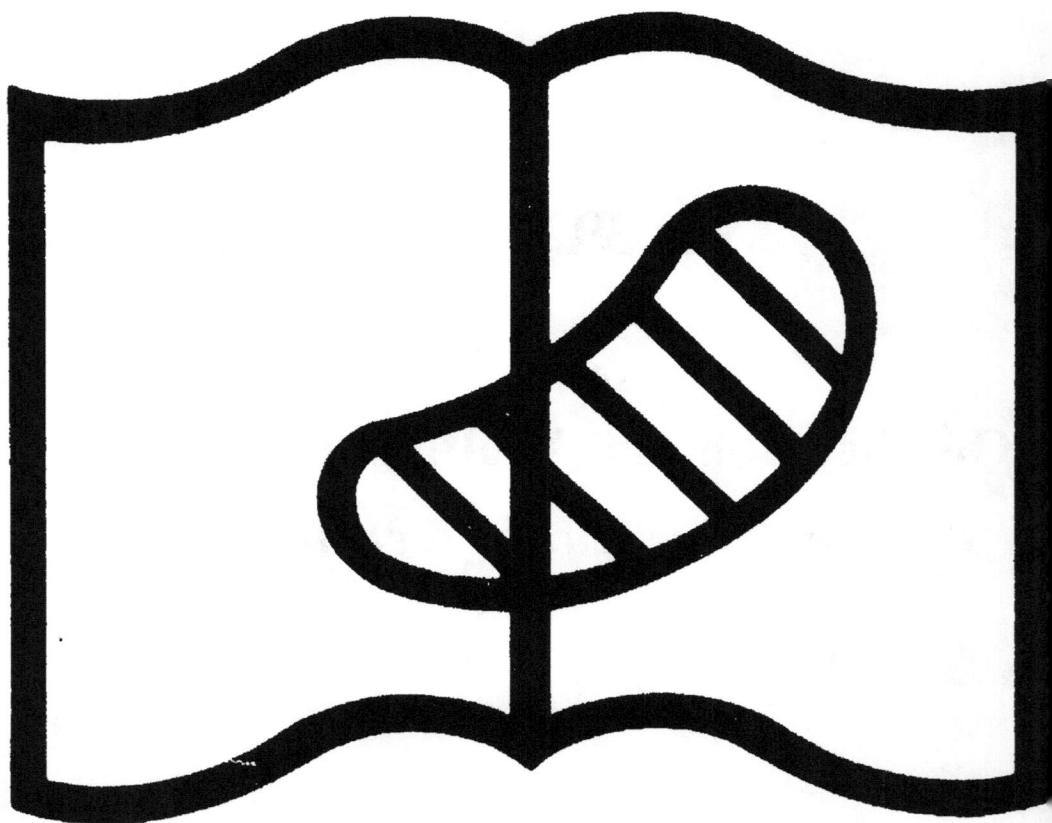

Symbole applicable
pour tout, ou partie
des documents microfilmés

Original illisible

NF Z 43-120-10

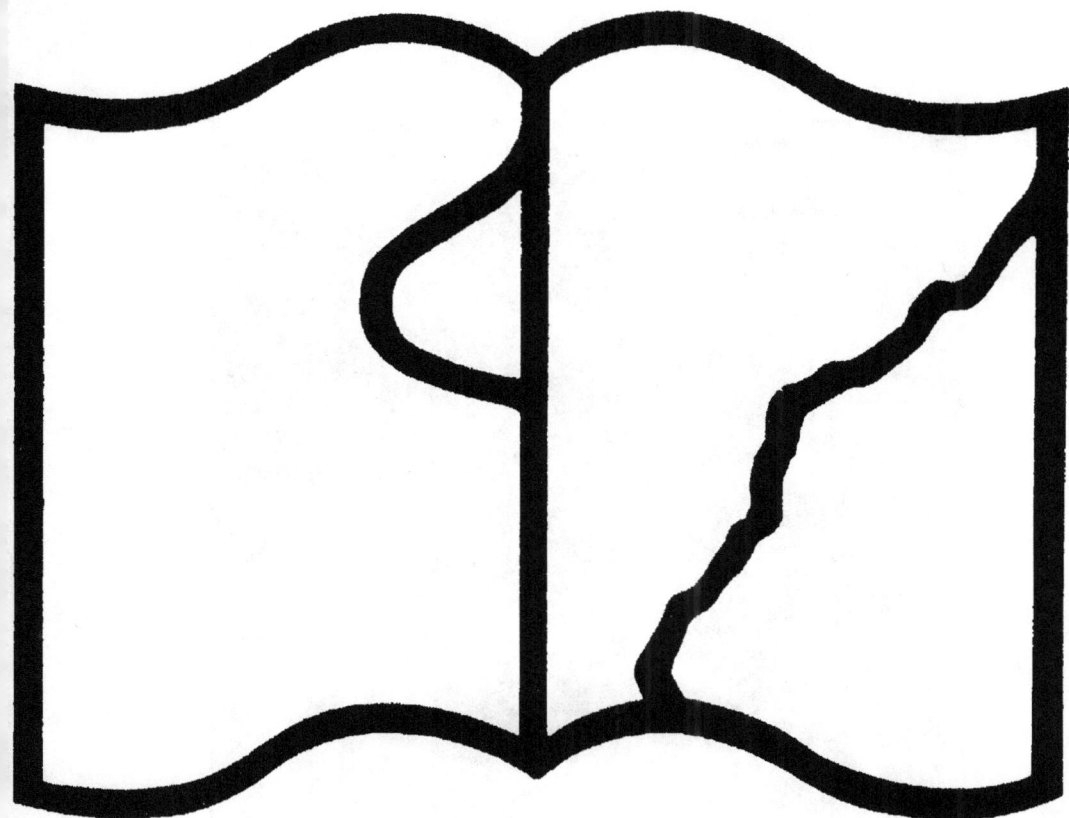

**Symbole applicable
pour tout, ou partie
des documents microfilmés**

Texte détérioré — reliure défectueuse

NF Z 43-120-11

Passions du jeune Werther.

PASSIONS

DU

JEUNE WERTHER.

PREMIÈRE PARTIE.

A PARIS.

Chez TIGER, Imprimeur-Libraire, rue du Petit-
Pont-Saint-Jacques, au coin de celle de la
Huchette.

Au Pilier littéraire.

AVIS
DE L'AUTEUR.

— • —

J'AI recueilli avec soin tout ce que j'ai pu trouver touchant l'histoire du malheureux Werther; je le mets sous vos yeux; je sais que vous m'en saurez gré. Vous ne pouvez refuser votre admiration à son génie, votre tendresse à son caractère, ni vos larmes à sa destinée.

Et toi, ame douce et sensible,
que la même pente entraîne, que
ce livre soit ton ami, si par la
rigueur du sort, ou par ta propre
faute, tu ne peux en trouver un
meilleur à ta portée.

LES PASSIONS

DU

JEUNE WERTHER.

LETTRE PREMIÈRE.

Le 4 mai 1770.

Qu e je suis aise d'être parti, ô le meilleur de mes amis ! Qu'est - ce donc que
le cœur de l'homme ? Te quitter, toi
que j'aime, toi dont j'étois insépa-
rable, te quitter et être content ? Mais
je sais que tu me pardonnes. Mes
autres liaisons, le sort ne sembloit-il
pas me les avoir fait contracter de
nature à inquiéter, à tourmenter un
cœur comme le mien ? La pauvre
Léonore ! et pourtant j'étois innocent !
Étoit-ce ma faute, si une passion s'allu-
moit dans son cœur malheureux, tandis

A 3

que je ne songeois qu'à m'occuper agréa-
blement des charmes de sa sœur? Cependant, suis-je bien innocent? N'ai-je
pas nourri moi-même ses sentimens?
Ne me suis-je pas souvent amusé de
ces expressions marquées au coin de
la nature et de la vérité, et qui nous
ont fait rire tant de fois, bien qu'elles
ne fussent rien moins que risibles?
N'ai-je pas...... Qu'est-ce donc que
l'homme, et comment ose-t-il se la-
menter? je me corrigerai, oui, mon
ami, je te le promets; je ne veux plus
ruminer sans cesse ce peu d'amertume
que le sort mêle dans la coupe de la
vie. Je jouirai du présent et le passé
sera passé pour moi. Certes, tu as
raison, cher ami, la dose de tristesse
seroit bien moindre parmi les hommes,
(Dieu sait pourquoi ils sont ainsi faits)
s'ils exaltoient moins leur imagination,
pour se rappeler le souvenir de leurs
maux passés, au lieu de supporter le
présent avec sang-froid.

Dis à ma mère que je m'acquitterai
de mon mieux de sa commission, et
que je lui en donnerai des nouvelles
le plutôt possible. J'ai parlé à ma
tante, et je n'ai pas trouvé en elle la
mégère qu'on m'avoit annoncée: c'est

une femme vive jusqu'à l'emportement, mais du meilleur cœur. Je lui ai exposé les plaintes de ma mère au sujet de l'héritage qu'elle vient de faire. Elle m'a montré ses titres, ses raisons, ainsi que les conditions auxquelles elle est prête à nous rendre même plus que nous ne demandons.... Mais en voilà assez. Dis à ma mère que tout ira bien. Eh! mon ami, j'ai trouvé dans cette chétive affaire, que la tiédeur et la mésintelligence causent plus de désordres dans ce monde, que la ruse et la méchanceté. Du moins les deux dernières sont - elles plus rares.

Au reste, je me trouve b   La solitude de ces célestes contrées est un baume pour mon cœur, qui se sent ranimer, réchauffer par les charmes de la raison. Pas une haie, pas un arbre qui ne soit un bouquet de fleurs, et l'on voudroit être papillon pour nager dans cette mer de parfums, et pouvoir y trouver toute sa nourriture.

La ville est désagréable. En récompense, la nature brille aux environs dans toute sa beauté. C'est ce qui a engagé le feu comte de M*** à faire planter un jardin sur l'une des collines, où la nature répand ses trésors

avec une profusion et une variété in-
croyables, qui forment les plus dé-
licieux vallons. Le jardin est simple,
et l'on sent, en y entrant, que celui
qui en a tracé le plan, étoit moins
un jardinier esclave des règles, qu'un
homme sensible, qui vouloit y jouir
de lui-même. Déjà j'ai donné plusieurs
fois des larmes à sa mémoire dans le
cabinet et qui tombe en ruine, dont
il faisoit sa retraite favorite, et dont
je fais la mienne. Je serai bientôt
maître du jardin. Depuis le peu de
jours que je suis ici, j'ai mis le jardinier
dans mes intérêts, et il n'aura pas lieu
de s'en repentir.

~~~~~~~~~~~~~~~~~~~~

LETTRE II.

Le 10 mai.

Il règne dans mon ame une sérénité
étonnante, semblable à ces douces ma-
tinées du printems, dont le charme
enivre mon cœur. Je suis seul, la vie
me paroît délicieuse dans ce lieu fait
exprès pour les ames comme la mienne.
Je suis si heureux, mon ami, si abîmé
dans le sentiment de ma tranquille exis-

tence, que mon art en souffre. Je ne
puis plus dessiner, pas un coup de
crayon ; et cependant je ne fus jamais
plus grand peintre que dans ce moment.
Quand la vallée qui m'est si chère, se
couvre d'une épaisse vapeur ; que le
soleil levant pose sur mon bosquet dont
il ne peut pénétrer l'obscurité ; que
quelques rayons seulement, se glissant
entre les feuillages, parviennent jusqu'au fond de ce sanctuaire ; que je
suis couché au pied de la cascade, dans
l'herbe qui s'élève par dessus moi, et
que mon œil rapproché ainsi de la
terre y découvre mille petites simples
de toute espèce : quand je contemple
de plus près ce petit monde, qui four-
mille entre les chaumeaux, les formes
innombrables et les nuances impercep-
tibles des vermisseaux et des insectes,
et que je sens en moi la présence de
l'être tout puissant qui nous a formés
à son image, et dont le souffle nous sou-
tient, nous porte au milieu de cette
source éternelle de jouissances : ami,
quand j'ai les yeux fixés sur tous ces
objets, et que ce vaste univers va se
graver dans mon ame, comme l'image
d'une bien-aimée, alors je sens mes
desirs qui s'enflamment, et je me dis

A 5

à moi-même : Que ne peux-tu exprimer
ce que tu sens si fortement ! ce dont
tu es si pénétré, si échauffé, que ne
peux-tu l'exhaler sur le papier, et le
rendre par-là le miroir de ton ame,
comme ton ame est le miroir de l'être
éternel ! Ami.... Mais je sens que je
succombe sous la grandeur de ces apparitions imposantes et sublimes.

~~~~~~~~~~~~~~~~~~~~~~~~~~

LETTRE III.

Le 12 mai.

Je ne sais si ce sont quelques esprits
d'illusion qui errent dans cette contrée,
ou si c'est l'imagination céleste qui s'est
emparée de mon cœur, et qui donne un
air de paradis à tout ce qui m'environne. Tout près d'ici est une source, une
source où je suis ensorcelé comme Mé-
lusine (1) avec ses sœurs. Tu descends

---

(1) Femme de la maison de Lusignan, au
sujet de laquelle on a fait bien des contes. On
dit que cette bête, moitié femme et moitié ser-
pent, bâtit le château de Lusignan, qu'on esti-
moit imprenable ; et qu'elle avoit coutume de
paroître sur la grande tour quand il devoit mourir quelqu'un de cette maison. (*Voyes* le diction-
naire de Moréri, à l'article Lusignan.)

une petite colline, et tu te trouves devant une voûte profonde d'environ vingt
marches, au bas de laquelle l'eau la
plus pure tombe goutte à goutte à travers le marbre. Le petit mur qui environne cette grotte, les arbres élevés
qui la couvrent, la fraîcheur de l'endroit, tout inspire je ne sais quel sentiment de vénération et d'horreur. Il n'y
a point de jour que je n'y passe une
heure. Les jeunes filles de la ville viennent y puiser de l'eau : fonction la plus
basse, mais la plus utile, et que les
filles mêmes des rois ne rougissoient
point jadis de remplir. Lorsque j'y suis
assis, l'idée de la vie patriarchale revit
en moi : il me semble voir ces vieillards
faire connoissance à la fontaine, et se
demander mutuellement leurs filles pour
leurs fils ; je crois voir ces esprits bien-
faisans qui errent autour des puits et
des sources. Celui qui ne sent pas la
chose comme moi, ne s'est jamais re-
posé au courant d'une onde pure, après
une journée de marche, pendant les cha-
leurs brûlantes de l'été.

A 6

LETTRE IV.

Le 13 mai.

Tu me demandes si je veux que tu
m'envoyes mes livres? Au nom de Dieu,
mon ami, laisse-moi respirer. Je ne veux
plus être conduit, excité, aiguillonné.
Mon cœur est un torrent qui roule avec
assez de véhémence. Il me faut un chant
de berceau, je l'ai trouvé dans la plus
grande abondance, dans mon Homère.
Combien de fois n'ai-je pas recours à ce
chant, pour appaiser le bouillonnement
de mon sang. Car tu n'as rien vu de si
inégal, de si inquiet que mon cœur. Ai-je
besoin de te le dire, à toi qui as eu si
souvent le déplaisir de me voir passer
tout-à-coup de la tristesse aux trans-
ports de la joie, et d'une douce mélan-
colie à une passion funeste! Je traite
mon cœur comme un enfant malade;
tout ce qu'il veut lui est accordé. Ne dis
cela à personne; il y a des gens qui
m'en feroient un crime,

~~~~~~~~~~~~~~~~~~~~~~~~~~~~~~

LETTRE V.

Le 15 mai.

Je suis déjà connu ici des petites
gens, qui m'aiment beaucoup, et sur-
tout les enfans. J'ai fait une fâcheuse
observation. Lorsque je me mêlois avec
eux dans le commencement, et que je les
questionnois avec amitié sur une chose
ou sur l'autre, quelques-uns d'entr'eux
me renvoyoient brusquement, dans
l'idée que je voulois me moquer d'eux.
Je ne me rebutois pas pour cela, mais
je sentois bien vivement ce que j'ai
plus d'une fois observé. Les personnes d'un certain rang se tiendront
toujours dans un froid éloignement
du petit peuple, comme si elles crai-
gnoient en s'en rapprochant, de perdre quelque chose ; et puis il y a de
certains étourdis, de mauvais plai-
sans, qui semble ne se rapprocher
du peuple, que pour mieux l'accabler
du poids de leur fatuité.

Je sais bien que nous ne sommes
pas tous égaux, et que nous ne saurions
l'être ; mais il me semble que celui qui

(14)

rroit avoir besoin de se tenir à une certaine distance de ce qu'il appelle le peuple , pour s'en faire respecter , n'a pas
moins de tort qu'un poltron qui se cache de son adversaire parce qu'il craint
de succomber.

J'ai été dernièrement à la fontaine ,
et j'y ai trouvé une jeune servante qui
avoit posé son vase sur la dernière
marche ; elle regardoit autour d'elle
pour voir si elle n'appercevoit pas quelqu'une de ses amies qui pût lui aider à
le mettre sur sa tête. Je suis descendu ,
et après l'avoir considérée un instant :
— Ma mie , lui ai-je dit , voulez-vous
que je vous aide ? — Oh ! Monsieur a-t-
elle répondu en rougissant... — Allons,
sans façon. Elle a posé son rouleau , je
lui ai aidé à mettre son vase sur sa tête,
elle m'a remercié , puis elle est re-
montée.

~~~~~~~~~~~~~~~~~~~~

LETTRE VI.

Le 17 mai.

J'AI fait des connoissances de toute
espéce , mais je n'ai encore pu trouver
aucune société. Il faut que j'aie je ne sais

quoi d'attrayant aux yeux des hommes, tant ils me recherchent avec empressement! ils sont pour ainsi dire, pendus autour de moi, et je suis bien fâché, toutes les fois que notre chemin ne nous permet pas long-tems d'aller ensemble. Si tu me demandes comment les hommes sont ici, je te dirai qu'ils y sont comme par-tout ailleurs. L'espèce est uniforme. La plupart travaillent une bonne partie du jour pour gagner leur vie; et le peu de liberté qu'il leur reste, les tourmente au point qu'ils cherchent tous les moyens possibles pour s'en délivrer. O destinée de l'homme !

Au reste ce sont d'assez bonnes gens. Lorsque je m'oublie quelquefois, que je me livre avec eux à la jouissance des plaisirs qui restent aux hommes, comme de s'amuser avec cordialité autour d'une table bien servie, d'arranger une partie de promenade en voiture, un bal, ou autre chose semblable, cela produit sur moi un effet très-agréable ; mais il ne faut pas qu'il me vienne alors dans la pensée qu'il y a en moi tant d'autres facultés, dont les ressorts se rouillent faute d'être mis en jeu, et qu'il faut que je cache avec le plus grand soin. Ah ! que cela est bien propre à resserrer le

cœur ! et cependant c'est le sort d'un
de nous d'être mal jugé !

Hélas ! pourquoi l'amie de ma jeunesse n'est-elle plus ? Pourquoi l'ai-je
jamais connue ! Je me dirois : insensé !
tu cherche ce qui n'est pas ici bas. Mais
je l'ai eue , mais j'ai senti ce cœur , cette
ame noble , en présence de qui je parois-
sois à mes yeux plus que je n'étois ,
parce que j'étois tout ce que je pouvois
être. Dieu sensible ! y avoit-il alors une
seule de mes facultés qui ne fût em-
ployée ? Ne pouvois-je pas développer
devant elle ce toucher merveilleux ,
avec lequel mon cœur embrasse toute la
nature ? Notre commerce n'étoit-il pas
un tissu continuel du sentiment le plus
raffiné , de l'esprit le plus subtil , dont
toutes les modifications , jusques.......
Toutes étoient marquées au coin du
génie ! Et maintenant.... Hélas : quelques années qu'elle avoit de plus que moi
l'ont conduite avant moi au tombeau.
Jamais je ne l'oublierai ; jamais je n'oublierai cette fermeté d'ame et ce courage plus qu'humain avec lequel elle
savoit souffrir.

J'ai trouvé , il y a quelques jours ,
un certain V.... C'est un garçon ouvert ,
et qui a la physionomie fort heureuse.

Il sort de l'académie ; et quoiqu'il ne se
regarde pas comme un savant, il se
croit pourtant plus instruit qu'un autre.
D'après toutes mes observations, j'ai vu
que c'étoit un jeune homme appliqué.
Bref, il a des connoissances. Dès qu'il
a eu appris que je dessinois, et que je
savois le grec, deux phénomènes dans
ce pays-ci, il s'est attaché à moi, m'a
étalé beaucoup de savoir, depuis Bat-
teux jusqu'à Wood, depuis de Piles
jusqu'à Winkelman ; et il m'a assuré
qu'il avoit lu toute la première partie
de la théorie de Sulzer, et qu'il possé-
doit un manuscrit de Heyn, sur l'étude
de l'antiquité. Je l'ai laissé parler.

J'ai fait encore la connoissance d'un
digne mortel, le bailli : c'est un homme
franc et loyal. On dit que c'est un spectacle touchant de le voir au milieu de
ses neuf enfans. Sa fille aînée sur tout
fait beaucoup de bruit. Il m'a prié d'aller
le voir, et je dois un de ces jours lui
rendre ma première visite. Il demeure
à une lieue et demie d'ici, à une maison
de chasse du prince, où, après la mort
de sa femme, il a obtenu la permission
de se retirer, ne pouvant plus supporter
le séjour d'une ville, et sur-tout d'une

maison qui lui rappeloit sans cesse la
perte qu'il avoit faite.

Du reste, j'ai trouvé ici plusieurs
originaux en caricature, qui sont en
tout insupportables, et dont les pro-
testations d'amitié sur-tout, vous ex-
cèdent.

Adieu. Cette lettre te plaira, elle est
toute historique.

~~~~~~~~~~~~~~~~~~~~

LETTRE VII.

Le 22 mai.

D'AUTRES ont dit avant moi que la
vie n'est qu'un songe, et c'est un sentiment qui me suit par-tout. Quand je
considère les bornes étroites qui resser-
rent les facultés actives et spéculatives
de l'homme ; quand je vois que toute
notre activité ne tend qu'à satisfaire
des besoins qui, à leur tour, n'ont d'autre but que de prolonger notre mal-
heureuse existence, et que toute notre
tranquillité sur certains points de nos
recherches, n'est qu'une résignation
fantastique où nous peignons mille
figures bigarrées, et les points de ue

plus piquans sur les murs qui nous tien-
nent enfermés; tout cela, Guillaume, me
rend muet. Je rentre en moi-même, et j'y
trouve un monde mais semblable au monde extérieur, il se manifeste moins par la
réalité, que par un pressentiment vague,
un desir que j'ai peine à démêler. Bientôt
ces chimères de mon imagination s'éva-
nouissent; je souris, et je continue mon
premier rêve.

Que les enfans ne connoissent point les
motifs de leur volonté, c'est un point sur
lequel tous les pédans sont d'accord; mais
que les hommes faits se traînent en chan-
celant sur le globe, comme les enfans;
que comme eux ils ne sachent d'où
ils viennent, ni où ils vont; qu'il n'aient
point de but plus certain dans leurs actions, et qu'on les gouverne de même avec
du buiscuit, du gâteau et des verges;
c'est ce que personne ne croira volontiers, et cependant la chose me paroît
palpable.

Je t'avoue sans peine, car je sais ce
que tu pourrois me dire là-dessus, que
ceux-là sont les plus heureux qui, comme les enfans, ne vivent que pour le
présent, promènent, déshabillent, ha-
billent leur poupée, tournent avec le
plus grand respect autour du tiroir ou

maman renferme ses bonbons, et qui
lorsqu'ils attrapent ce qu'ils désirent,
le dévorent avidement et s'écrient:
Encore! Ce sont-là sans doute de for-
tunées créatures! Heureux encore ceux
qui, donnant à leurs occupations futi-
les, ou même à leurs passions des titres
pompeux, les passent en compte au
genre humain, comme des opérations
de géans, pour son salut et son bien-
être! Heureux qui peut penser ainsi!
Mais celui qui dans l'humilité de son
cœur voit où tout cela aboutit, qui voit
comme ce petit bourgeois qui est content, décore son petit jardin dont il fait
un paradis, et avec quelle assiduité le
malheureux courbé sous le poids de sa
misère, poursuit son chemin tout hors
d'haleine; qui voit, dis-je, que tous
sont également intéressés à contempler
une minute de plus la lumière de ce
soleil; oui, celui-là est tranquille; il
bâtit son monde de lui-même, et est
aussi heureux parce qu'il est homme.
Quelque borné qu'il soit, il nourrit toujours au fond de son cœur le doux sentiment de la liberté, et qu'il pourra
quitter ce cachot quand il voudra.

~~~~~~~~~~~~~~~~~~~~~~~~~

LETTRE VIII.

Du 26 mai.

Tu connois depuis long-tems ma manière de me loger ; tu sais que je choisis des endroits solitaires, où je puisse passer des momens isolés. J'ai trouvé ici un petit endroit qui m'a attiré.

Environ à une lieue de la ville, est un endroit qu'on appelle Wahleim. La situation auprès d'une colline, en est fort intéressante ; et lorsqu'on sort du village par le sentier, on découvre d'un coup-d'œil toute la vallée. Une bonne femme complaisante , et vive encore pour son âge, vend du vin, de la bière et du caffé ; mais ce qui me plaît davantage que tout cela , ce sont deux tilleuls, dont les rameaux étendus couvrent la petite place devant l'église , qui est environnée de chaumières et de granges. Ce n'a pas été sans peine que j'ai trouvé un endroit aussi solitaire et aussi retiré ; j'y ai fait porter de la maison de l'hotesse, ma petite table, avec ma chaise , et j'y prends mon café, et y lis mon Homère. La première fois que l'après - midi d'un beau jour,

le hasard me conduisit sous ces tilleuls, la petite place étoit déserte,
tous les paysans étoient au champs. Il
n'y avoit qu'un petit garçon d'environ
quatre ans, qui étoit assis à terre; il
soutenoit entre ses bras un autre enfant
de six mois, assis entre ses jambes, et
appuyé contre sa poitrine, de manière
qu'il lui servoit comme de chaise; et,
malgré la vivacité avec laquelle ses yeux
noirs regardoient autour de lui, il se
tenoit fort tranquille. Ce spectacle me
fit plaisir; je m'assis sur une charrue
qui étoit tout auprès, et je dessinai cette
attitude fraternelle avec la plus grande
satisfaction; j'y ajoutai un bout de haie,
la porte d'une grange, et quelques dé-
bris de roues de charrette, dans le même désordre où tout cela se trouvoit;
ensorte qu'au bout d'une heure, je me
trouvai avoir fait un petit dessin d'une
composition agréable et intéressante,
sans y rien avoir mis du mien. Cela me con-
firma dans ma résolution de ne consulter
désormais que la nature. Elle seule est
d'une richesse inépuisable, elle seule
peut former les grands artistes. Il y a
beaucoup de choses à dire en faveur des
règles, à-peu-près ce qu'on pourroit avancer en faveur de la société ci-

vile : un homme qui se forme d'après les
règles, ne produira jamais rien d'absolument mauvais ; de même celui qui se
modèle sur les lois et sur la bienséance,
ne peut jamais être un voisin insupportable, ni un frippon célèbre. Mais quoiqu'on en dise, toute règle ne sert qu'à
détruire le vrai sentiment et l'expression
de la nature. Non, je n'avance rien de
trop ; elle ne fait que contraindre, elle
émonde, etc. Mon cher ami, puis-je te
faire une comparaison ? Il en est de cela
comme de l'amour : un jeune cœur est
attaché à une belle, il passe toutes les
heures du jour auprès d'elle, et prodi-
gue toutes ses forces et tout son bien
pour lui prouver à chaque instant qu'il
se donne à elle sans réserve. Qu'un petit
bourgeois en place vienne dire à cet
amant : « Jeune homme, aimer est hu-
» main, vous devez donc aimer par hu-
» manité. Partagez vos heures, donnez-
» en une partie au travail, et n'accor-
» dez à votre belle que vos instans de
» récréation. Comptez avec vous-même :
» et si après les frais du nécessaire, il
» vous reste quelque chose, je ne vous
» défends pas de lui faire un petit pré-
» sent, pourvu que cela n'arrive pas
» trop souvent : le jour de sa nais-

» sancé , de sa tête , etc. » Que le jeune
homme suive ces sages avis , ce sera
sans doute un sujet fort utile , et je con-
seillerai même à chaque prince de le
placer dans un collège ; mais c'en est
fait de son amour ; et si c'est un artiste
il a manqué son talent. O mes amis !
pourquoi le fleuve du génie se déborde-t-il
si rarement ! Pourquoi si rarement le
voyez-vous soulever ses flots impétueux ,
et porter des secousses dans vos ames éton-
nées ? Mes chers amis , les personnages
phlegmatiques demeurent sur les deux
côtés du rivage; ils savent que ses inonda-
tions détruiroient leurs maisonnettes ,
leurs planches de tulipes , leurs potagers;
et à force de détourner son cours et de
lui opposer des digues , ils préviennent
d'avance le danger qui les menace.

~~~~~~~~~~~~~~~~~~~~~~~~~~~~~

LETTRE IX.

Le 27 mai.

Je suis tombé , à ce que je vois , dans
l'enthousiasme, dans les comparaisons,
dans les déclamations, et cela m'a fait oublier de te dire ce que devinrent les deux
enfans. Je restai bien deux heures assis
sur ma charrue , et enfoncé dans les
idées

idées pittoresques, que je l'expose d'une manière assez décousue dans ma lettre d'hier. Sur le soir une jeune femme vint droit aux enfans, qui, pendant tout ce temps-là, ne s'étoient point dérangés. Elle tenoit un panier à son bras. « Philippe, cria-t-elle de loin, tu es un bon garçon. » Elle me salua ; je lui rendis son salut, me levai, m'approchai d'elle, et lui demandai si elle étoit la mère de ces enfans. Elle me dit qu'oui : et après avoir donné la moitié d'un petit pain au plus grand elle prit l'autre dans ses bras, et le baisa avec toute la tendresse d'une mère. « J'ai donné, dit- » elle, le petit en garde à mon Philippe, » et j'ai été à la ville avec mon aîné, pour » y acheter du pain blanc, du sucre et un » poêlon de terre. » (Je vis tout cela dans son panier, dont le couvercle étoit tombé.) « Je veux faire ce soir » une petite soupe à Jean, (c'est le » nom du petit.) Le frippon d'aîné me » cassa hier mon poêlon, en se disputant » avec le pauvre Philippe pour le gra- » tin de la bouillie. » Je demandai où étoit l'aîné ; et elle m'avoit à peine répondu qu'il étoit à courir dans la plaine après deux oies, qu'il vint à nous en sautant, et apporta au second une ba-

Werther. I.   B

guette. Je continuai de m'entretenir
avec cette femme ; et j'appris qu'elle
étoit fille du maître d'école, et que son
mari étoit allé en Suisse pour y re-
cueillir une succession. « On vouloit,
» dit-elle, l'en frustrer ; on ne faisoit
» point de réponse à ses lettres, et il
» s'est transporté lui-même sur les lieux.
» Pourvu qu'il ne lui soit rien arrivé !
» Je n'en reçois point de nouvelles ».
Il m'en coûta de me séparer d'elle. Je
donnai un crutz à chacun de ses enfans ;
j'en donnai aussi un à la mère pour le
petit, en lui disant de lui acheter,
lorsqu'elle iroit à la ville, un petit pain
pour la soupe, ensuite nous prîmes congé l'un de l'autre.

Je te l'avoue, mon cher ami, lorsque mes sens veulent me maîtriser,
j'appaise leur tumulte par la vue d'une
semblable créature, qui dans une heureuse insouciance parcourt le cercle
étroit de son existence, vit tout doucement au jour le jour, et voit tomber
les feuilles, sans penser à autre chose,
sinon que l'hiver approche.

Depuis ce tems-là, j'y vais fort souvent, Les enfans sont accoutumés à me
voir. Je leur donne du sucre lorsque je
prend mon café ; et le soir ils partagent

avec moi leur bourrée et leur lait caillé.
Le dimanche, leur crutz ne leur manque jamais ; et quand je ne m'y trouve
pas après vêpres, l'hôtesse a ordre de le
payer.

Ils sont familiers, et me font des
contes de toute espèce. Je m'amuse
particulièrement de leurs passions, et
de la simplicité avec laquelle ils laissent
voir leurs desirs, lorsque plusieurs enfans du village se rassemblent. J'ai eu
bien de la peine à débarrasser la mère
de cette inquiétude. « Ils pourroient in-
commoder, monsieur. »

~~~~~~~~~~~~~~~~~~~~~~~~~~~~~~~~

LETTRE X.

Le 16 Juin.

D'où vient que je ne t'écris pas ! tu
me fais cette question, toi qui te ranges
dans la classe des savans ! Tu devrois
présumer que je me trouve bien ; et
même... Bref, j'ai fait une connoissance
qui touche de plus près à mon cœur.
J'ai... je ne sais.

J'aurois bien de la peine à te dire par
ordre comment j'ai fait la connoissance
de la plus aimable créature. Je suis content et heureux, et d'ailleurs mauvais
historien.

B 2

Un ange? Fi ! tout homme en dit autant de sa maitresse , et cependant je
ne suis pas en état de te dire combien
elle est accomplie , pourquoi elle est
accomplie : il suffit que tu saches qu'elle
a captivé tous mes sens.

Tant de simplicité avec tant d'esprit;
tant de bonté avec tant de fermeté; et
le repos de l'ame au sein de la vie réelle,
la vie active......

Tout ce que je dis d'elle n'est qu'un
verbiage maussade , que de froides abs-
tractions , qui ne t'en donneroient pas
la moindre idée. Une autre fois... Non ,
il faut que je te conte le fait tout de
suite. Si je remets , il n'y faut plus penser ; car entre nous , depuis que j'ai
commencé cette lettre , j'ai déjà été tenté
trois fois de quitter la plume , de faire
seller mon cheval , et de partir ; et cependant je me suis juré ce matin de ne
point sortir aujourd'hui. A tout moment je vais à ma fenêtre , pour voir
combien le soleil est encore élevé.

Je n'ai pu m'en défendre, il m'a fallut
y aller. Me voici de retour, mon cher
Guillaume , et je vais faire mon petit
repas champêtre en t'écrivant. Quel
transport pour mon ame que de voir ces
fières et sœurs, ses huit enfans si vifs, si
aimables, former un cercle autour d'elle!

Si je continue sur le même ton , tu
n'en sauras pas plus à la fin qu'au commencement. Ecoute donc , je vais tâ-
cher de me contraindre , et d'entrer
dans un détail.

Je t'ai marqué dernièrement comme
j'avois fait la connoissance du bailli S...
et comme il m'avoit invité à l'aller
voir bientôt dans son hermitage ou plutôt dans son petit royaume. Je négligeois
de faire cette visite , et peut-être ne
l'aurois-je jamais fait , si le hasard ne
m'avoit découvert le trésor que cache
ces tranquilles cantons.

Nos jeunes gens avoient arrangé un
bal à la campagne, et je consentis , par
complaisance , à être de la partie. J'en-
gageai une jeune fille d'ici , belle , d'un
bon caractère , mais sans conséquence ,
à y venir; il fut arrêté que j'aurois une voiture, que je conduirois ma danseuse et sa
tante au lieu de l'assemblée, et que je pren-
drois en chemin Charlotte S...« Vous allez
» faire la connoissance d'une belle person-
» ne,» me dit ma compagne, lorsqu'au travers d'un bois éclairci et bien percé notre
voiture nous conduisoit à la maison de
chasse. « N'allez pas en devenir amou-
reux ! » ajouta la tante. » — Pourquoi
cela ?—« Elle est déjà promise à un

» fort galant homme , que la mort de
» son père a obligé de faire un voyage
» pour aller mettre ses affaires en ordre ,
» et pour solliciter une place d'impor-
» tance. » J'appris ces particularités
avec assez d'indifférence.

Le soleil alloit bientôt se coucher der-
rière la montagne , lorsque notre voiture arrêta à l'entrée de la cour. Il faisoit
extrémement chaud , et les dames té-
moignérent leur inquiétude à cause d'un
orage qui sembloit se former dans les nuages grisâtres et sombres qui bordoient
l'horizon. Je dissipai leur crainte en affectant une grande connoissance du tems ,
quoique je commençasse moi-même à
me douter que notre partie en seroit
dérangée.

J'avois mis pied à terre. Une servante
qui vint à la porte, nous pria d'attendre
un moment , que mademoiselle Lolotte
ne tarderoit pas à venir. Je passai la
cour pour me rendre à cette jolie maison ; je montai le perron , et lorsque
j'entrai dans l'appartement , mes yeux
furent frappés du spectacle le plus touchant que j'aie vu de ma vie. Six enfans , depuis l'âge de deux ans jusqu'à
onze , s'empressoient dans la première
salle autour d'une jeune personne d'une

taille moyenne, mais bien prise et vêtue
d'une simple robe blanche garnie de
nœuds de couleur rose. Elle tenoit un
pain bis dont elle coupoit à chacun de
ces enfans un morceau proportionné à
son âge ou à son appétit. Elle le donnoit
d'un air si gracieux, tandis que ceux-ci
lui disoient d'un ton le plus simple:
Grand merci, en lui tendant leur petite
main avant même que le morceau fût
coupé. Enfin, contens d'avoir leur goû-
té, il s'en alloient à la porte de la cour;
les uns en sautant, les autres d'une manière plus posée, selon qu'ils étoient
d'un caractère plus ou moins vif, pour
voir les étrangers, et la voiture qui
devoit emmener leur chère Lolotte. « Je
» vous demande pardon, me dit-elle,
» de vous avoir donné la peine de monter
» et de faire attendre ces dames. Occupé
» de m'habiller, et des petits soins de mé-
» nage qu'exige mon absence, j'avois
» oublié de donner à goûter à mes en-
» fans, et ils ne veulent pas que per-
» sonne que moi leur coupe du pain. »
Je lui fis un compliment qui ne signi-
fioit rien. Mon ame reposoit toute en-
tière sur sa figure, ravie du son de sa
voix, de ses manières, et je n'eus que
le tems qu'il me falloit pour prévenir

ma défaite, lorsqu'elle courut dans une
autre chambre pour y prendre ses gants
et son éventail. Les enfans me regardoient de côté à une certaine distance ; je m'avançai vers le plus jeune qui
avoit la physionomie la plus heureuse.
Il reculoit pour m'éviter, lorsque Lolotte, qui parut à la porte, lui dit :
« Louis, donne la main à ton cousin. »
Il me la donna franchement, et malgré
son petit nez morveux, je ne pus m'empêcher de le baiser de tout mon cœur.
« Cousin ? » dis-je ensuite à Lolotte, en
lui tendant la main, « croyez-vous que
» je sois digne du bonheur de vous être
» alliée ? — Oh ! me dit-elle, avec un
» souris malin, notre cousinage est fort
» éloigné, et je serois fâchée que vous
» fussiez le moins bon de la famille. »
En sortant, elle recommanda à Sophie,
l'aînée des sœurs après elle, une fille
d'onze ans environ, d'avoir bien soin
des enfans, et de saluer le papa à son
retour de la promenade. D'un autre
côté elle ordonna aux enfans d'obéir à
Sophie, comme à elle-même, ce que
plusieurs lui promirent expressément ;
mais une petite blondine, qui peut
avoir six ans, et qui faisoit l'entendue,
lui dit : « Ce n'est pourtant pas toi, ma

» chère Lolotte, nous aimerions bien
» mieux que ce fût toi. » Les deux plus
âgés des garçons étoient grimpés der-
rière la voiture, et Lolotte leur permis
à ma sollicitation, de nous accompa-
gner ainsi jusqu'à l'entrée du bois, après
leur avoir fait promettre de bien se tenir
et de ne pas se faire de niches.

Nous avions eu à peine le tems de
nous arranger, et les dames celui de se
faire les complimens d'usage, de se communiquer leurs remarques sur leur ajus-
tement, et sur-tout sur leurs petits cha-
peaux, enfin de passer en revue toutes
les personnes qui devoient composer
l'assemblée, lorsque Lolotte fit arrêter
le cocher et descendre ses frères. Ils
la prièrent de leur donner encore une
fois sa main à baiser. Le premier la lui
baisa avec toute la tendresse d'un jeune
homme de quinze ans ; pour l'autre, il
le fit avec autant de vivacité que d'é-
tourderie. Elle leur dit de saluer les enfans à la maison, et nous continuâmes
notre route.

« Avez-vous achevé, lui dit la tante,
» le livre que je vous ai prêté en dernier
» lieu ? — Non, il ne me plaît pas, vous
» pouvez le reprendre. Le précédent ne
» valoit pas mieux ». Je fus bien surpris

lorsque lui ayant demandé quels étoient
ces livres elle me dit que c'étoient.....
Je trouvai beaucoup de caractère dans
tout ce qu'elle dit! dans chaque mot, je
découvrois de nouveaux charmes ; chaque trait de son visage sembloit lancer
de nouveaux éclairs de génie, et insensiblement je m'apperçus qu'elle les lâ-
choit avec d'autant plus de satisfaction,
qu'elle voyoit que pas un n'étoit perdu
pour moi.

« Quand j'étois plus jeune , dit-elle ,
» rien ne me plaisoit tant que les ro-
» mans. Dieu sait combien j'étois con-
» tente , lorsque je pouvois, le diman-
» che, me retirer dans quelque petit
» coin , pour partager , dans toute la
» sensibilité de mon cœur, le bonheur
» ou l'infortune d'une miss Jenny. Je
» ne dis pas pourtant que ce genre de
» littérature n'ait encore quelque char-
» me pour moi ; mais puisqu'il m'arrive
» si rarement de pouvoir m'occuper
» d'un livre , au moins faut-il que ceux
» que je lis soient de mon goût. L'au-
» teur que j'aime par préférence, est
» celui où je retrouve mon monde,
» mes enfans, et dont les scènes me
» paroissent aussi intéressantes, aussi
» touchantes que celle de ma vie do-

» mestique, qui n'est pas si vous vou-
» lez, l'image d'un paradis, mais que
» je regarde au fond comme un bon-
» heur indicible ».

Je tachois de cacher l'émotion que
me causoient ces mots ; mais cela n'alla pas loin ; car lorsque je l'entendis
parler, comme en passant avec tant
de vérité du curé de Wakefield et de
plusieurs autres , alors je perdis conte-
nance et lui dis tout ce que je devois ;
et je m'apperçus, après quelques instans, que Lolotte adressa la parole aux
autres personnes, qu'elles étoient res-
tées la bouche béante sans prendre part
à la conversation. La tante me regarda
plus d'une fois avec un petit air mo-
queur, dont je ne me mis pas fort
en peine.

La conversation tomba sur le plaisir
de la danse. « Si cette passion est un
» défaut, dit Lolotte, j'avoue de bonne
» foi que je ne connois rien au-dessus.
» Et quand j'ai quelque chose dans la
» tête, je me mets à mon clavecin,
» quelque discordant qu'il soit , je joue
» une contredanse, et tout va le mieux
» du monde ».

Comme pendant cette entretien , je
repaissois ma vue de ses beaux yeux

noffs , avec quel charme ses lèvres ver-
meilles et la fraîcheur de ses joues at-
tiroient tout mon ame ! comment , occupé tout entier de la noblesse , de
la majesté de ses pensées , il m'arrivoit
souvent de ne point entendre les mots
dans lesquels elle s'exprimoit ! C'est
ce que tu peux te figurer , puisque tu
me connois. Bref , lorsque nous arrêtâ-
mes devant la maison de plaisance , je
descendis tout rêveur de la voiture ;
j'étois même si égaré dans l'espèce
de monde fantastique que mon imagination formoit autour de moi , que
je fis à peine attention à la musique ,
qui se faisoit entendre de la salle
illuminée , et dont l'harmonie venoit
au-devant de nous.

Les deux Audran , et un certain.....
(qui peut retenir tous les noms ?)
qui étoient les danseurs de la tante et
de Lolotte , nous reçurent à la porte , ils
s'emparèrent de leurs dames , et je
montai avec la mienne.

Nous dansâmes plusieurs menuets ;
je priai les femmes les unes après les
autres ; et les plus maussades étoient
justement celles qui pouvoient le moins
se résoudre à donner la main et à finir.
                                    Lolotte

Lolotte et son cavalier commencèrent
une anglaise , et tu sens combien je fus
content, lorsqu'elle se mit à figurer avec
nous. Il faut la voir danser! Elle se livre
à la chose de tout son cœur., de toute
son ame; tout son corps est une harmonie , et dans un tel abandon , qu'il semble que danser soit tout pour elle,
qu'elle ne pense à rien , qu'elle ne sente
rien autre chose; et sans doute dans ce
moment tout autre objet doit s'anéan-
tir devant ses yeux.

Je la priai pour la seconde contredanse; elle n'accepta que pour la troisième, et m'assura, avec la plus aimable franchise, qu'elle dansoit volontiers
l'allemande. « C'est ici la coutume, »
» continua-t-elle , que chaque cavalier
» ne danse l'allemande qu'avec la per-
» sonne qu'il a amenée; le mien la
» danse mal , et me sait bon gré quand
» je l'en dispense; votre dame ne la sait
» pas aussi et ne s'en soucie guère; et
» j'ai remarqué, lorsque vous avez
» dansé l'anglaise, que vous tournez
» fort bien ; ainsi , si vous voulez m'a-
» voir pour l'allemande , allez me de-
» mander à mon cavalier, tandis que
» je parlerai à votre dame. » j'acceptai;
et il fut arrangé que tandis que nous

Werther. I.   C

danserions ensemble , son cavalier
entretiendroit ma danseuse.

L'on commença , et nous nous amu-
sâmes d'abord à faire différentes passes.
Quelle grace ! quelle agilité dans ses
mouvemens ! Lorsque la mesure chan-
gea , et que nous nous mîmes à tourner
les uns autour des autres , comme des
sphères , il y eut d'abord quelque désordre , parce que le plus grand nombre
dansoit mal ; mais nous fûmes sages ;
nous attendîmes qu'ils eussent jeté leur
feu : et lorsque les moins habiles eurent
quitté la place , nous nous en emparâmes,
et continuâmes avec une nouvelle ardeur , secondé d'un autre couple , Audran et sa danseuse. Jamais je ne réus-
sis avec autant de facilité. Je n'étois
plus un homme. Tenir cette charmante
créature entre mes bras , et voler avec
elle comme la foudre ; voir tout dispa-
roître autour de moi ; et...... Guillaume , pour te parler avec sincérité, je me
jurai pourtant que je ne souffrirois jamais
qu'une fille que j'aimerois , et sur qui
j'aurois des prétentions , dansât cette
danse avec une autre que moi ; et dussé-
je y périr..... tu m'entends.

Nous fîmes quelques tours dans la
salle pour reprendre haleine , après
quoi elle s'assit. Je coupai les citrons

que j'avois mis de côté, lorsqu'on faisoit le punch, et qui étoient les seuls
qui restoient ; je les lui donnai pour la
rafraîchir, et ils produisirent un très-
bon effet; seulement à chaque morceau
que sa voisine prenoit dans la tasse , je
me sentois le cœur percé d'un coup de
poignard, quoique par décence je me
visse forcé de les lui présenter.

Nous fûmes les seconds à la troisième
anglaise. Comme nous faisions le tour,
et que transporté de joie, je semblois
n'être animé que du mouvement de son
bras et de ses yeux, où je voyois l'expression du plaisir le plus sensible et
le plus pur, nous nous trouvâmes
devant une femme, qu'un certain air
aimable répandu sur un visage qui
n'étoit plus de la première jeunesse,
m'avoit fait remarquer. Elle regarde Lolotte en riant, la menace du doigt, et
prononce en passant le nom d'Albert,
d'un air très-significatif. « Puis-je sans
» témérité, dis-je à Lolotte, vous
» demander qui est cet Albert. »
Elle alloit me répondre, lorsque nous
fûmes obligés de nous séparer pour
faire la grande chaîne; et lorsque nous
nous croisâmes, je crus lui remarquer
un air tout pensif. « Pourquoi vous le

» cacher » me dit-elle en me prenant la
main pour la promenade, « Albert est
» un galant homme, à qui je ne suis
» pas moins que promise.» Cette nouvelle
n'en étoit pas une pour moi, puisque
les dames m'en avoient prévenu en chemin ; et cependant elle me parut telle,
parce qu'occupé tout entier de l'objet,
qui, en si peu de tems, m'étoit devenu
si cher, je n'y avois point songé. Bref,
je me troublai, je m'égarai, je fis une
fausse marche qui dérangea toute la
danse ; et il ne fallut pas moins que la présence de Lolotte, qui nous attira les uns
et les autres, pour la remettre promp-
tement en ordre.

La danse n'étoit pas encore finie, que
les éclairs que nous voyons briller
depuis long-tems à l'horison, et que
j'avois toujours donné pour des éclairs
de chaleur commencèrent à devenir plus
forts et le bruit du tonnerre à l'emporter
sur celui de la musique. Trois femmes
s'enfuirent de leurs rangs, leurs cava-
liers les suivirent ; le désordre devint
général, et la musique cessa. Il est natu-
rel, lorsqu'un malheur ou quelqu'évé-
nement horrible nous surprend dans le
plaisir, qu'il fasse sur nous une impression beaucoup plus forte qu'en tout
autre tems, soit à cause du contraste,

ou plutôt par ce que nos sens, une fois
ouverts à la sensibilité, sont plus subitement et plus vivement affectés. C'est
à ces causes que je dois attribuer les
étranges grimaces que je vis faire tout-
à-coup à la plupart des femmes. La
plus sage s'assit aussi dans un coin, le
dos tourné vers la fenêtre, et se boucha
les oreilles, une autre se jeta à genoux
devant elle et se cacha le visage dans
son sein; une troisième se coula entre
elles deux et embrassoit ses sœurs en
versant des larmes. Quelques - unes
vouloient se retirer; d'autres, qui sa-
voient encore moins ce qu'elles fai-
soient, n'avoient pas même conservé
assez de présence d'esprit, pour répri-
mer l'audace de nos jeunes affamés,
qui paroissoient fort occupés à dérober
sur les lèvres de ces belles affligées
les prières qu'elles destinoient au ciel.
Quelques-uns de nos messieurs étoient
descendus pour fumer tranquillement
une pipe, et le reste de la société n'en
étoit pas fort éloigné, lorsque l'hôtesse
s'avisa heureusement de nous montrer
une chambre qui avoit des volets et des
rideaux. A peine y fûmes-nous entrés,
que Lolotte se mit à placer des chaises

en rond , à faire asseoir la compagnie,
et proposa un jeu.

J'en vis plusieurs serrer les lèvres et
s'étendre , dans l'attente de quelque
jeu de gage touché. « Nous jouerons à
» compter , dit-elle. Ecoutez bien. Je
» ferai le tour du cercle en allant de
» droite à gauche , tandis que vous
» compterez depuis un jusqu'à mille,
» en nommant chacun le nombre qu'il
» lui correspondra : il faut que cela
» aille très-vite; et celui qui hésitera
» ou qui se trompera aura un soufflet. »
Ce fut quelque chose d'assez plaisant.
Elle se mit à tourner avec le bras éten-
du. Celui par lequel elle commença,
compta un , son voisin deux , le suivant
trois , ainsi de suite. Alors elle commença à aller insensiblement de plus
vite en plus vite. Quelqu'un se trompe
paf, un soufflet. Son voisin se met à
rire ; paf, un autre soufflet, en aug-
mentant toujours de vitesse. J'attrapai
moi-même deux taloches , et je crus ,
avec un sensible plaisir, remarquer
qu'elle me les appliquoit plus fort qu'aux
autres. Un éclat de rire général mis fin
au jeu , avant qu'on eût achevé de
compter mille. Les plus intimes se reti-
rèrent alors en particulier. L'orage avoit

cessé, et je suivis Lolotte dans la salle.
« Les soufflets, me dit-elle en chemin,
» leur ont fait oublier orage et tout ».
Je ne pus rien lui répondre. « J'étois,
» continua-t-elle, une des plus crain-
» tives; mais en affectant du courage,
» pour en inspirer aux autres, je suis
» devenue plus hardie. » Nous nous
approchâmes de la fenêtre ; le tonnerre
grondoit encore dans l'éloignement ;
une pluie abondante ruisseloit avec un
petit murmure sur les champs , d'où il
s'exhaloit un parfum vivifiant , que l'air
dilaté par la chaleur nous apportoit par
bouffées. Elle se tenoit appuyée sur son
coude; son regard perçoit toute la contrée ; elle leva les yeux au ciel et les
rebaissa sur moi ; je les vis se remplir
de larmes; elle posa sa main sur la
mienne en disant : « Clopstock ! » Je me
sentis abîmer dans le torrent de sensations qu'elle versa sur moi en pronon-
çant ce seul nom. Je succombai, je
m'inclinai sur sa main , que je baisai
en versant des larmes de volupté. Je
relevai mes yeux sur les siens.... Auteur
sublime, que n'as-tu vu dans ce regard
ton apothéose ! et puissé-je moi-même
n'entendre plus prononcer ton nom si
souvent profané !

~~~~~~~~~~~~~~~~

LETTRE XI.

Le 19 juin.

Je ne sais plus où j'en suis resté
dernièrement de mon récit; ce que je
sais, c'est qu'il étoit deux heures après
minuit lorsque je me couchai; et que
si au lieu de t'écrire, j'avois pu t'entretenir de vive voix, je t'aurois peut-être
amusé jusqu'au jour.

Je ne t'ai pas raconté ce qui se passa
à notre retour du bal, et le jour d'aujourd'hui n'est pas fait pour cela.

Il faisoit la plus belle aurore du monde; l'eau tombant goutte à goutte des
arbres, toute la nature sembloit revi-
vre autour de nous. Nos dames com-
mençoient à s'endormir. Elle me demanda si je ne voulois pas être de la
partie; que je ne devois pas me gêner
pour elle. « Tant que je verrai ces yeux
» ouverts, lui dis-je, (et je la regardois
» fixément) il n'y a pas de danger que
» je m'endorme. » Nous tînmes bon
l'un et l'autre jusqu'à sa porte. La ser-

vante lui ouvrit doucement ; et comme
elle s'informoit de son père et des enfans, on lui dit que tout étoit tranquille et endormi. Je pris congé d'elle
en l'assurant que je la reverrois le jour
même. Je lui ai tenu parole ; et depuis
ce tems-là, le soleil, la lune et les
étoiles peuvent faire tranquillement
leurs révolutions, je ne sais plus s'il est
jour ou s'il est nuit ; tout l'univers se
perd autour de moi.

LETTRE XII.

Le 21 Juin.

Je coule des jours aussi heureux que
ceux que Dieu réserve à ses élus ; et
quelque chose qui m'arrive , je ne puis
pas dire que je n'ai pas joui des plaisirs , des plaisirs les plus purs de la vie.
Tu connois ma retraite de Wahlheim ;
j'y suis tout-à-fait établi ; je n'ai de-là
qu'une demie-lieue pour me rendre
chez Lolotte : là, je sens mon existence,
et tout le bonheur qui a été accordé à
l'homme.

C 5

L'aurois-je pu penser que ce Wahlheim, que je choisissois pour le but de
ma promenade, étoit situé si près du
ciel ! Combien de fois dans mes longues
courses, tantôt au haut de la montagne, tantôt au milieu de la plaine,
portant mes regards au-delà de la rivière, n'ai-je pas considéré cette maison de chasse, qui est aujourd'hui le
centre de tous mes desirs !

Mon cher Guillaume, j'ai fait toutes
les réflexions possible sur ce desir de
l'homme, de s'étendre hors de lui-
même, de faire de nouvelles découver-
tes, de se transporter par-tout où il
n'est pas, et d'un autre côté sur ce pen-
chant intérieur qu'il a à se laisser volon-
tairement prescrire des bornes, à suivre
machinalement l'ornière de l'habitude,
sans se mettre en peine de ce qui se
passe à droite ou à gauche.

Il est étonnant, lorsque je vins ici et
que de la colline je contemplois ce beau
vallon, comme je m'y sentois attirer de
toutes parts. Là, le bosquet : que ne
peux-tu mêler ton ombre à ses ombres.
Là, le sommet de la montagne : oh !
que ne peux-tu de-là découvrir toute
l'étendue du pays ! Là une chaîne de
collines interrompue par des vallées

solitaires: quel plaisir de pouvoir t'y égarer! J'y volois; je revenois sur mes pas, et je n'avois point trouvé ce que j'avois espéré. Ah! il en est de l'éloignement comme de l'avenir! Un grand tout ténébreux repose devant notre ame, le sentiment y vole, et se fourvoie comme notre œil; nous brûlons du desir d'y transporter tout notre être, pour le remplir d'une sensation unique de volupté capable d'affecter toutes nos facultés. Hélas! après bien des efforts pour y arriver, lorsque l'avenir devient présent, tout demeure dans le même état; nous restons dans notre misère; le même asyle nous environne, et notre ame soupire en vain après le bonheur qui vient de lui échapper.

C'est ainsi, peut être, que le vagabon inquiet soupire après sa patrie, et trouve dans son foyer, sur le sein de son épouse, au milieu de ses enfans et des soins qu'exige leur conservation, ce contentement de l'ame qu'il chercha vainement par toute la terre.

Lorsqu'au lever du soleil, je sors pour me rendre à mon cher Wahlheim, et qu'arrivé au jardin de l'hôtesse je cueille moi-même mes pois, et m'assieds pour en ôter les filamens, tout en lisant mon

Homére; lorsque je prends un pot dans
la petite cuisine, que je coupe du beurre,
mets mes pois au feu , les couvre et
m'assieds auprès pour les remuer de
tems en tems; c'est alors que je sens
bien vivement comment les fiers, les
superbes amans de Pénélope pouvoient
tuer eux-mêmes , dépécer et faire rôtir
les bœufs et les pourceaux. Il n'y a rien
qui me remplisse d'un sentiment si tranquille, si vrai, que ces traits de la vie
patriarchale , que je puis, grace à Dieu,
faire entrer sans affectation dans la
trame de la mienne.

Que je suis content d'avoir un cœur
capable de sentir cette joie simple et
innocente d'un homme qui sert sur sa
table le chou qu'il a lui-même fait venir,
et qui non-seulement jouit de son chou,
mais qui se rappelle encore dans un
même instant tous les beaux jours qu'il
a passés à le cultiver, la belle matinée
où il le planta , les douces soirées où il
l'arrosa, et où il eut la satisfaction d'en
remarquer l'accroissement progressif!

~~~~~~~~~~~~~~~~~~~~~

LETTRE XIII.

Le 29 juin.

Avant-hier le médecin de la ville
vint chez le bailli , et me trouva à terre
au milieu des enfans de Lolotte, dont
les uns marchoient à quatre pattes sur
moi , tandis que les autres me pinçoient,
que je les chatouillois , et que nous faisions tous ensemble un grand bruit. Le
docteur , espèce de marionnette dogma-
tique, qui arrangeoit en parlant les plis de
ses manchettes, et tiroit son jabot, trouva
ce jeu au-dessous de la dignité d'un homme
sage : je m'en apperçus à sa mine. Sans
me démonter , je lui laissai débiter les
choses les plus raisonnables , et me mis
à rebâtir le château de cartes des enfans
qu'ils avoient renversé. Aussi na-t-il
pas manqué d'aller clabauder par la
ville que les enfans du bailli étoient déjà
assez mal élevés , mais que Werther
achevoit de les perdre.

Oui, mon cher Guillaume, les enfans, voilà sur la terre ce qui touche

de plus près à mon cœur. Lorsque je les
considère, et que je vois dans ces petits
êtres le germe de toutes les vertus, de
toutes les forces, dont ils auront un
jour si grand besoin, lorsque je vois
dans leur opiniâtreté leur future cons-
tance, et leur fermeté de caractère;
dans leur pétulance, la gaieté du cœur,
l'étourderie avec laquelle il se glisseront
par la suite à travers tous les dangers
de ce monde; quand je vois, dis-je,
tous ces germes si entiers, si exempts
de corruption, sans cesse je répète ces
mots précieux du grand instituteur des
hommes : Si vous ne devenez semblable
à un d'eux! Et cependant, mon bon ami,
ces enfans, qui sont nos semblables, et
que nous devrions prendre pour mo-
dèles, nous les traitons comme nos su-
jets. Ils ne doivent avoir aucune volonté. N'en avons-nous donc aucune?
Et où est notre prérogative? Parce que
nous sommes plus âgés et plus sages?
Dieu du ciel, tu vois de vieux enfans, de
jeunes enfans, et rien de plus; et ton
fils nous a bien fait connoître lesquels
te donnent la plus grande satisfaction.
Mais, hélas! ils croient en lui, et ne
l'écoutent point; c'est encore là une
ancienne vérité. Ils modèlent leurs en-

sans sur eux-mêmes, et... Adieu, Guillaume , je ne veux pas pousser plus loin
cette matière.

~~~~~~~~~~~~~~~~~~~~

LETTRE XIV.

Le 1 juillet.

MON cœur, qui est plus mal que tel
qu'une soif ardente consume sur son lit,
sent de quelle ressource Lolotte doit
être à un malade.

Elle va passer quelques jours à la ville
chez une dame, qui, au dire des médecins, touche au terme de sa carrière,
et qui, dans ces derniers momens, veut
avoir Lolotte auprès d'elle. J'allai la semaine dernière visiter le curé de St...
petit endroit à une demi-lieue d'ici, dans
les montagnes. Nous y arrivâmes sur les
quatre heures. Lolotte avoit pris sa seconde sœur avec elle. En entrant dans
la cour du presbytère, ombragé de deux
grands noyers, nous trouvâmes le bon
vieillard assis sur un banc devant sa
porte. La vue de Lolotte sembla le ra-

nimer, il oublia son bâton, et se hasarda
à aller seul au-devant d'elle. Elle courut
à lui, l'obligea à se rasseoir en se pla-
çant elle-même auprès de lui. Elle lui
présenta mille saluts de la part de son
père, et baisa son marmot, enfant gâté,
et fort dégoûtant. Si tu avois vu comme
elle amusoit le bon homme, comme elle
haussoit le ton de sa voix, pour le rendre sensible à ses oreilles demi-sourdes;
comme elle lui parloit de jeunes-gens
robustes qui étoient morts subitement,
de l'excellence de Carlsbad; comme elle
approuvoit sa résolution d'y passer l'été
prochain; enfin comme elle lui trouvoit
un visage plus frais, un air plus vif que
la dernière fois qu'elle l'avoit vu! Cependant j'avois fait mes civilités à la femme
du curé. Le vieillard commençoit à
s'égayer; et comme je ne pus me retenir
de louer les beaux noyers, dont les
feuillages nous couvroient si agréable-
ment, il se mit, quoiqu'avec quelque
difficulté, à nous en faire l'histoire.
« Quant à ce vieux-là, dit-il, nous ne
savons pas qui l'a planté : les uns disent
que c'est ce curé-ci, les autres celui-là.
Mais ce jeune-ci est de l'âge de ma
femme; il aura cinquante ans, vienne le
mois d'octobre. Son père le planta le

matin, et elle vint au monde le soir du
même jour. Il étoit mon devancier dans
cette cure, et il n'est pas possible de
vous dire combien cet arbre lui étoit
cher. Il ne me l'est pas moins à moi-même:
mon épouse étoit assise dessous sur une
poutre, et tricottoit lorsqu'il y a vingt-
sept ans, je vins pour la première fois
dans cette cour, n'étant pour lors qu'un
pauvre étudiant. » Lolotte lui demanda
où étoit sa fille : il lui dit qu'elle étoit
allée dans la plaine avec M. Schmidt
pour voir les travailleurs, et il continua
son discours, en nous disant comme son
devancier et sa fille l'avoit pris en amitié ; comme il avoit d'abord été son vi-
caire, et enfin son successeur. Il venoit
de finir son récit, lorsque sa fille revint
à travers le jardin avec M. Schmidt ;
elle reçut Lolotte avec le plus tendre
empressement ; et il faut avouer qu'elle
ne me déplut pas. C'est une brunette
sémillante, bien faite, et qui auroit pu
entretenir un honnête-homme à la campagne pendant le tems de la cure. Son
amant (car M. Schmidt se présenta
d'abord comme tel) est un homme d'une
belle apparence, mais taciturne, qui
ne voulut jamais se mêler dans la conversation, quoique Lolotte ne cessât

de le provoquer; ce qui me piquoit
davantage, c'est que je crus remarquer à son air, que c'étoit moins le
défaut d'esprit, que le caprice et la
mauvaise humeur, qui l'empêchoient
de se communiquer. Malheureusement
j'eus bientôt occasion de m'en assurer;
car mademoiselle Frédéric s'étant atta-
chée à Lolotte à la promenade, et se
trouvant aussi quelquefois avec moi,
le visage du monsieur, qui étoit naturel-
lement d'une couleur brune, devint si
sombre, qu'il étoit tems que Lolotte
me tirât par la manche, et me fît signe
d'être moins galant auprès de Frédérique. Rien ne m'a fait tant de peine que
de voir les hommes se tourmenter les
uns les autres, mais surtout lorsque des
jeunes gens dans la fleur de leur âge,
quand leur cœur pourroit le plus aisé-
ment s'ouvrir à tous les sentimens du
plaisir, perdent à des sottises ce peu
de beaux jours dont ils ont à jouir et
ne s'apperçoivent que trop tard que cette
prodigalité est irréparable. Cette idée
me tourmenta; et sur le soir, lorsque
de retour au presbytère, nous nous
assîmes à une table pour manger du
lait, et que la conversation tomba sur
la peine et le plaisir de ce monde, je

ne pas m'empêcher de saisir l'occasion,
et de parler d'abondance de cœur contre l'humeur chagrine. « Nous autres
hommes, dis-je, nous nous plaignons
de ce qu'il y a si peu de bons jours contre tant de mauvais, et il me semble
que le plus souvent nous nous plaignons
à tort. Si notre cœur étoit toujours
ouvert à la jouissance du bien que Dieu
nous prépare pour chaque jour, nous
aurions aussi assez de force pour supporter le mal, quand il se présente.
— Notre cœur n'est pas en notre puis-
sance, dit la femme du pasteur ; » que
de choses dépendent du corps ! Quand
on n'est pas à son aise, on est mal par-
tout. » J'en convins « Il faut donc,
poursuivis-je, regarder la mauvaise
humeur comme une maladie, et voir
s'il n'y a pas quelque remède pour la
guérir. » — Cela n'est pas mal vu, dit
Lolotte ; « je crois au moins que nous
pouvons beaucoup, et je le sais par
moi-même ; dès que quelque chose
m'inquiète et voudroit me rendre triste,
je fais un saut, je me promène çà et là
dans le jardin, en chantant une couple
de contredanses, et adieu le chagrin.
— C'est ce que je voulois dire, répartis-je : il en est absolument de la mau-

.vaise humeur comme de la paresse. Il est une sorte de paresse à laquelle notre nature est fort encline ; cependant, lorsqu'une fois nous avons la force de nous encourager nous-mêmes, nous travaillons du plus grand cœur, et nous trouvons un vrai plaisir dans l'activité. » Frédérique étoit fort attentive, et le jeune homme se hazarda à nous dire qu'on n'étoit pas maître de soi-même, et qu'on ne pouvoit pas commander à ses sentimens. « Il s'agit ici, répartis-je, d'une sensation désagréable, dont chacun cherche à se délivrer ; et personne ne connoît l'étendue de ses forces, qu'il ne les ait éprouvées. Assurément un homme malade demandera par-tout des médecins ; il les écoutera avec la plus grande résignation, et ne refusera pas de prendre les médecines les plus amères, pour recouvrer la santé qu'il désire. » Je remarquai que l'honnête vieillard écoutoit de toutes ses oreilles, pour participer à notre conversation ; je haussai la parole. » On prêche, lui dis-je, contre bien des vices ; mais je n'ai jamais entendu qu'on ait prêché contre la mauvaise humeur. — Ce seroit, dit-il, aux curés des villes à le faire ; les paysans n'ont

point d'humeur noir : au reste , peut-
être qu'un pareil sermon ne feroit pas
mal ici ; ce seroit au moins une leçon
pour la femme et pour le bailli. » La
compagnie se mit à rire, et il rit lui-
même de tout son cœur, jusqu'à ce qu'il
lui prit une toux qui interrompit notre
discours pendant quelques minutes ,
après quoi le jeune homme reprit ainsi :
« Vous avez appelé la mauvaise humeur
un vice; il me semble que c'est exagé-
rer. » — Rien moins que cela, lui ré-
pondis-je, si tout ce qui nous nuit à
nous-mêmes, et à notre prochain,
mérite ce nom. N'est-ce pas assez que
nous soyons dans l'impossibilité de nous
rendre mutuellement heureux, faut-il
encore que nous nous dérobions les uns
aux autres le plaisir que chaque cœur
peut encore quelquefois se procurer à
lui-même ? Nommez-moi un atrabilaire
assez courageux pour cacher sa mauvaise humeur, pour la supporter seul ,
au point de ne pas troubler la joie qui
l'environne: n'est-ce pas plutôt un dépit
intérieur de notre propre insuffisance,
un mécontentement de nous-mêmes,
auquel se joint toujours un peu d'envie
excitée par une sotte vanité ? Nous
voyons des gens heureux dont nous ne

faisons pas le bonheur, et cela est insupportable. » Lolotte me regarda en
riant de la chaleur avec laquelle je par-
lois ; et une larme que je remarquai
dans l'œil de Frédérique, m'aiguillonna
à poursuivre. « Malheur, dis-je, à ceux
qui abusent du pouvoir qu'ils ont sur
un cœur, pour lui dérober les plaisirs
simples qui germent de lui-même !
Tous les dons, toutes les complaisances
possibles ne nous dédommagent point
d'un instant de plaisir, dont nous aurions joui en nous-mêmes, et où l'envie
et la conduite désagréable de notre tyran
ont versé l'amertume. » Tout mon cœur
étoit plein en ce moment ; mille sou-
venirs se pressoient en foule dans mon
ame, et les larmes me vinrent aux
yeux.

« Celui, m'écriai-je, qui se diroit
seulement chaque jour: Tu n'as d'autre
pouvoir sur tes amis que de leur laisser
leur joie, et d'augmenter leur bonheur,
en le partageant avec eux. Peux-tu,
quand leur ame est bourrelée par quelque passion affligeante, tourmentée par
la douleur, peux-tu leur procurer le
moindre soulagement ?

« Et lorsque la dernière, l'effrayante
maladie accable cette créature que tu

as minée au milieu de ses beaux jours ;
lorsqu'elle est couchée dans le plus
triste abattement , que son œil privé du
sentiment regarde vers le ciel , que la
sueur de la mort paroît et disparoît sur
son front , et que debout auprès de son
lit comme un désespéré , sent avec douleur que tu ne peux rien avec tout ton
pouvoir , que ton ame serrée est à la
torture , que tu donnerois tout pour
faire passer dans cette créature, qui touche à sa destruction , le plus petit res-
taurant , une étincelle de courage..... »

A ces mots , le souvenir d'une scène
semblable à laquelle j'ai été présent ,
vint m'assaillir dans toute sa force. Je
mis mon mouchoir devant mes yeux ,
et quittai la compagnie , et je ne revins
à moi qu'à la voix de Lolotte , qui me
dit qu'il falloit partir. Comme elle me
querella en chemin sur le trop vif intérêt que je prenois à tout? que j'en serois
victime ! que je devois me ménager !
O ange du ciel ! il faut que je vive
pour toi !

LETTRE XV.

Le 6 Juillet

ELLE est toujours auprès de son amie
mourante , toujours la même , toujours
cette créature affable et bienfaisante,
dont les regards , partout où ils se por-
tent , adoucissent la douleur , et font
des heureux. Elle alla hier au soir à la
promenade avec Marianne et la petite
Amélie. Je le savois , je les rencontrai ,
et nous allâmes ensemble. Après avoir
marché pendant une heure et demie ,
nous retournâmes vers la ville , à cette
source qui m'est si chère , et qui me le
devint bien davantage , lorsque Lolotte
s'assit sur le petit mur. Je regardois autour de moi , hélas! et je me rappelai ce
tems où mon cœur étoit seul. « Chère
» fontaine , dis-je , il y a long-tems
» que je ne me repose plus à ta frai-
» cheur, et que, passant en hâte auprès
» de tes bords , il m'arrive souvent de
» ne point te regarder. » Je jetai les

yeux

veux en bas et j'apperçus Amélie qui
montoit avec beaucoup d'empressement
tenant un verre d'eau. Je regardois
Lolotte, et je sentis tout ce que je pos-
dois en elle. Cependant Amélie, parut
avec son verre; Marianne vouloit le lui
prendre. « Non, s'écria cette enfant
» avec la plus douce expression ; ma
» chére Lolotte, il faut que tu boives
» la première ». Je fus si transporté de
la vérité, de la bonté de cette exclama-
tion, que je ne trouvois d'autre moyen
d'exprimer mon ravissement, que de
prendre l'enfant dans mes bras, et de
le baiser avec tant de vivacité, qu'elle
se mit à crier et à pleurer. « C'est fort
mal fait, me dit Lolotte ». J'étois saisi.
« Viens, continua-t-elle, en la prenant
par la main, et lui faisant descendre les
degrés; « lave-toi vîte dans cette eau
» fraîche, vîte, et il ne t'en arrivera
» rien ». Avec quelle attention je regardois la pauvre enfant se frotter les
joues avec ses petites mains mouil-
lées, dans la ferme croyance que cette
source miraculeuse lavoit toute souil-
lure, et lui sauvoit l'affront de se voir
pousser une vilaine barbe comme Lolotte
lui disoit : « En voilà assez; » et comme
elle continuoit de se laver avec empres-

sement, comme s'il eût mieux fallu le
faire plus que moins ! Te le dirai-je,
Guillaume ? jamais je n'assistai à un
baptéme avec plus de respect ; et lorsque Lolotte remonta, je me serois vo-
lontier prosterné devant elle, comme
devant un prophète qui vient d'expier
les iniquités d'un peuple.

Le soir, je ne pus, dans la joie de
mon cœur, m'empêcher de conter cette
petite avanture à quelqu'un à qui je sup-
posois le sens commun, parce qu'il a
de l'esprit ; mais que j'étois loin de compte ! il me dit que Lolotte avoit eu grand
tort ; qu'on ne devoit rien faire accroire
aux enfans ; que cela donnoit lieu à une
infinité d'erreurs et de superstitions ;
qu'on devoit de bonne heure tenir les
enfans en garde contre leurs prestiges.
Alors je me rappelai qu'il n'y avoit que
huit jours qu'il en avoit fait baptiser un
des siens ; c'est pourquoi je n'insistai
pas davantage, et dans le fond de mon
cœur, je demeurai fidèle à cette vérité.
Nous devons en agir avec les enfans
comme Dieu en agit avec nous, il fait
notre plus grand bonheur de nous laiser
errer chancelans dans des opinions flat-
teuses.

~~~~~~~~~~~~~~~~~~~~~~~~~~~~

LETTRE XVI.

Du 8 Juillet.

Qu'on est enfant! Pourquoi donc sou-
pirer avec tant d'ardeur après un regard? Qu'on est enfant! Nous étions
allé à Wahlheim; les dames sortirent
en voiture, et pendant notre promenade, je crus voir dans les beaux yeux
noirs de Lolotte..... Je suis un fou; pardonne-le-moi. Il falloit les voir ces yeux!
Que je sois bref, car mes paupières
tombent de sommeil. Voilà donc que les
femmes montèrent en voiture, autour
de laquelle nous étions W.., Selstad, Audran et moi. L'on causa par la portière
avec ces messieurs, qui sont assez léger
et étourdis. Je cherchois les yeux de Lolotte : ils se portoient tantôt sur l'un, tantôt sur l'autre. Mais moi, moi, qui étois en-
tièrement, uniquement occupé d'elle, ils
ne tomboient point sur moi! Mon cœur lui
disoit mille adieux, et elle ne me voyoit
point! La voiture passa, et je sentis une
larme prête à couler. Je la suivois de

D 2

l'œil ; je vis la coëfure de Lolotte sortir
de la portière, et elle se retourna pour
regarder , hélas dirai-je moi ? Mon ami,
je flotte dans cette incertitude. Cela me
console. Peut-être s'est-elle retournée
pour me voir. Peut-être... Bonne nuit.
Oh ! que je suis enfant !

~~~~~~~~~~~~~~~~~~~~~~~~~~~~~~

LETTRE XVII.

Le 10 juillet.

Je voudrois que tu visses la sotte
figure que je fais, lorsqu'on vient à parler d'elle dans la société, sur-tout quand
on me demande si elle me plaît... Plaît !
Ce mot me déplaît à la mort. Quel
homme ce doit être que celui à qui Lolotte plaît, dont elle ne remplit pas tous
les sens, toutes les facultés ! Plaît ! quelqu'un me demandoit dernièrement si
Ossian me plaisoit.

~~~~~~~~~~~~~~~~~~~~~~

LETTRE XVIII.

Le 11 juillet.

MADAME M... est très-mal. Je prie pour sa vie, parce que je souffre avec Lolotte. Je la vois rarement chez mon amie; et elle m'a conté aujourd'hui une aventure surprenante. Monsieur M.... est un vieux ladre, qui a bien tourmenté sa femme, à qui il a rogné les ailes de fort près. Cependant celle-ci a toujours trouvé le moyen de se soutenir. Il y a quelques jours que le médecin lui ayant déclaré qu'elle ne pouvoit pas en revenir, elle fit appeler son mari, et lui parla ainsi, en présence de Lolotte : « Il faut que je te confesse une chose qui pourroit être après ma mort une source de trouble et de chagrin. J'ai conduit le ménage jusqu'ici avec autant d'ordre et d'économie qu'il m'a été possible, mais, pardonne-le-moi, je t'ai trompé depuis trente ans. Tu ne fixas, au commencement de ton mariage, qu'une somme

D 3

trés-modique pour la table et les autres
dépenses de la maison. A mesure que
notre ménage est devenu plus considé-
rable, je n'ai pu gagner sur toi que tu
augmentasses la somme que tu me don-
nois pour chaque semaine, et que dans
le tems de nos plus fortes dépenses, tu
exigeas qu'elle ne passât pas un florin
par jour. Je l'acceptai sans réplique, et
pris chaque semaine l'excédent de ma
dépense dans le coffre à la monnoie,
bien assurée qu'on ne soupçonneroit jamais une femme de voler la caisse de son
mari. Je n'ai rien prodigué, et je serois
même passée sans aucun remords à l'éternité; si je te fais cet aveu, c'est donc afin
que celle qui doit conduire la maison
après moi, ne pouvant se soutenir avec
le peu que tu lui donneras, tu ne sois pas
dans le cas de lui objecter sans cesse que
ta première s'en est contentée. »

Je réfléchis avec Lolotte sur cet aveuglement incroyable de l'humanité, qui
fait qu'un homme ne soupçonne aucun
manège dans une femme qui fait face à
tout avec six florins, quand il voit peut-
être pour le triple de dépense. Au reste,
j'ai connu des gens qui vous auroient
soutenu sans étonnement qu'ils possé-
doient chez eux la cruche d'huile inépuisable du prophète.

~~~~~~~~~~~~~~~~~~~~

LETTRE XIX.

Le 15 juillet,

Non, je ne me trompe point! je lis dans ses yeux l'intérêt qu'elle prend à ma personne et à mon sort. Oui, je sens, et en cela je dois m'en fier à mon cœur, qu'elle... Oserai-je proférer ce mot, qui est pour moi le bonheur du ciel? je sens qu'elle m'aime.

Est-ce témérité, ou bien le sentiment intérieur de la réalité? Je ne connois point d'homme dont je puisse craindre quelque chose dans le cœur de Lolotte; et cependant lorsqu'elle parle de son prétendu avec toute la chaleur, tout l'amour possible, je me trouve dans l'état d'un homme que l'on dégrade de noblesse, que l'on dépouille de ses charges, et que l'on force à rendre son épée.

~~~~~~~~~~~~~~~~~~~~~~~~

LETTRE XX.

Le 16 juillet.

O h ! quel sentiment passe dans toutes
mes veines, lorsque par hasard mon
doigt vient de toucher le sien, lorsque
nos pieds se rencontrent sous la table !
Je les retire comme du feu, et une force
secrète m'en rapproche malgré moi, tant
est grand le désir qui s'empare de tous
mes sens. Hélas! son innocence, la liberté de son ame ne lui permettent pas
de sentir les tourmens que ces petites
privautés me font souffrir ; sur-tout
lorsque dans la conversation elle pose sa
main sur la mienne, et que dans l'intérêt qu'elle prend à l'entretien, elle s'approche assez de moi pour que le souffle
céleste de sa bouche puisse atteindre mes
lèvres. Il me semble que je vais en être
anéanti, comme un homme frappé de la
foudre. Et, Guillaume, cette félicité
céleste, cette confiance, si jamais je
m'avise.... Tu m'entends. Non, mon

cœur n'est pas si corrompu. Il est foible!
assez foible! mais, n'est-ce pas là la
corruption ?

Elle est sacrée pour moi. Tout desir
s'évanouit en sa présence. Je ne sais
jamais dans quel état je me trouve,
quand je suis auprès d'elle ; c'est comme
si l'ame se renversoit dans tous mes
nerfs. Elle a un air qu'elle joue sur le
clavecin avec toute l'énergie d'un ange ;
il est si simple, si plein d'expression !
C'est son air favori, et il dissipe toutes
mes peines, mes troubles, mes chagrins,
lorsqu'elle en joue seulement la pre-
miére note.

Je suis si affecté de ce chant tout simple, que rien de ce qu'on nous dit de la
magie de la musique des anciens, ne me
paroît choquer la vraisemblance. Comme
elle sait l'amener dans des momens où
je serois homme à me casser volontiers
la tête ; alors le trouble, les ténèbres de
mon ame se dissipent, et je respire
avec plus de liberté.

~~~~~~~~~~~~~~~~~~~~~~~~~~~~

LETTRE XXI.

Le 18 Juillet.

GUILLAUME, qu'est-ce que le monde
pour notre cœur, sans l'amour ? Ce
qu'est une lanterne magique sans lumière.
A peine y introduisez-vous la bougie, que
votre muraille se peint d'abord des ima-
ges bigarrées qu'elle représente. Et
quand il n'y auroit pas autre chose que
ces fantômes passagers, encore font-ils
notre bonheur, lorsque nous les tenons
là comme de jeunes éveillés, et que nous
nous sentons ravis, transportés à la vue
de ces apparitions merveilleuses. Je n'ai
pu aller aujourd'hui chez Lolotte; une
compagnie que je n'ai pu éviter, m'en
a empêché. Que faire ? J'y ai envoyé
mon garçon, seulement pour avoir avec
moi quelqu'un qui eût été aujourd'hui
auprès d'elle. Avec quelle impatience je
l'ai attendu! avec quelle joie je l'ai revu !
Je l'aurois pris volontiers par la tête, et
baisé , si une mauvaise honte ne m'avoit
retenu.

On dit de la pierre bononique, que
quand on l'expose au soleil, elle en at-
tire les rayons, et peut éclairer une partie de la nuit. Il en étoit ainsi pour moi
du jeune homme : l'idée que les yeux de
Lolotte s'étoient reposés sur son visage,
ses joues, les boutons et le collet de son
surtout, me rendoit tout cela si sacré,
si précieux, que dans ce moment je
n'aurois pas donné le petit drôle pour
mille écus. J'étois si aise d'être avec
lui !... Dieu te préserve d'en rire ! Guillaume, peut-on appeler cela des chimères, quand nous sentons tant de joie ?

~~~~~~~~~~~~~~~~~~~~~~~~~~~~~

LETTRE XXII.

Le 19 Juillet.

Je la verrai, m'écriai-je le matin,
lorsque m'éveillant dans toute la sérénité de l'ame, je portes mes regards vers
le soleil. Je la verrai; et il ne me reste
plus d'autre souhait pour le reste de la
journée. Tout s'absorbe dans cette
perspective.

~~~~~~~~~~~~~~~~~~~~~~~~~~~~~

LETTRE XXIII.

Le 20 Juillet.

Votre idée que je devrois partir avec
l'ambassadeur de***, ne sera pas encore
la mienne. Je n'aime pas autrement la
dépendance, et nous savons tous que
cet homme et d'ailleurs fort rebutant.

Ma

Ma mère, dis-tu, voudroit me voir occupé; cela me fait rire: ne suis-je pas déjà actif? Et, dans le fond, n'est-il pas indifférent que je compte des pois ou des lentilles? Tout dans ce monde se termine à des misères; et celui qui, pour les autres, et sans y être porté par ses propres passions, se tracasse pour de l'argent, pour l'honneur ou pour tout ce qu'il vous plaira, est toujours un fou.

~~~~~~~~~~~~~~~~~~~~~~~~~~~~~~

LETTRE XXIV.

Le 24 juillet.

Puisque tu t'intéresses si fort à ce que je ne néglige pas mon dessin, je ferois mieux de ne t'en point parler du tout, que de te dire que, depuis long-tems, je fais très peu de chose.

Jamais je ne fus plus heureux, jamais je ne fus plus intimement, plus fortement pénétré du sentiment de la nature, jusqu'au caillou, jusqu'à un brin d'herbe; et cependant..... Je ne sais comment m'exprimer; mon imagination est si affoiblie! Tout nage et chancelle

Werter. I.   E

devant mon ame, au point que je ne
puis saisir un contour ; il me semble
pourtant que si j'avois de l'argile ou de
la cire, je modélerois bien ce que je
sens. Si cela dure, je prendrai de la
terre, et je la pétrirai, dussé-je ne faire
que des lampions.

J'ai commencé trois fois le portrait
de Lolotte, et trois fois j'ai eu l'affront
de le manquer ; ce qui me fâche d'autant
plus qu'il n'y a pas bien long-tems que
j'attrappois très - heureusement la res-
semblance ; en conséquence j'ai fait son
portrait à la silhouette, et cela me suffira.

LETTRE XXV.

Le 26 juillet.

Je me suis déjà promis bien des fois
de ne la pas voir si souvent ; mais qui
pourroit tenir cette promesse ? Chaque
jour je succombe à la tentation, en me
promettant sincèrement de n'y point
aller le lendemain ; et lorsque le lendemain arrive, je trouve encore une
raison irrésistible ; et avant que j'y pense,

je me trouve chez elle. Ou elle m'aura
dit le soir : on vous verra demain ?
Qui pourroit après cela n'y pas aller ?
Ou bien le jour est trop beau, je vais
à Wahlheim ; et puis, quand je suis
là, il n'y a plus qu'une demie - lieue
jusqu'à son logis ! je suis trop avancé
dans son atmosphère ; zeste ! je m'y
trouve. Ma grand'mère avoit un certain conte de la montagne d'aimant :
les vaisseaux qui s'en approchoient de
trop près se trouvoient tout - à - coup
dégarnis de leurs ferrures ; les clous
voloient vers la montagne , et les malheureux matelots s'abîmoient entre les
planches écroulées les unes sur les
autres.

LETTRE XXVI.

Le 30 juillet.

ALBERT est arrivé ; je m'en irai, fût-il
le plus excellent , le plus noble de tous
les hommes. Quand je conviendrois même
que je lui suis inférieur à tous égards,
il me seroit impossible de le voir pos-

E 2

séder devant moi tant de perfection.
Posséder !..... Il suffit, Guillaume ; le
prétendu est arrivé. C'est un bon et
honnête garçon, qu'on ne peut haïr.
Heureusement je ne fus pas présent à
sa réception ! elle m'eût déchiré le cœur.
D'ailleurs, il est si honnête, qu'il n'a
pas encore embrassé Lolotte une seule
fois en ma présence. Dieu le lui rende.
Que je lui sais bon gré du respect qu'il
a pour elle ! Il me veut du bien, et
je présume que c'est l'ouvrage de Lolotte, plutôt que l'effet de sa propre
inclination ; car les femmes sont toujours délicates en cela, et elles ont
raison. Quand elles peuvent entretenir
deux hommes en bonne intelligence,
quelque rare que cela soit, le profit
en est toujours pour elles.

Du reste, je ne puis refuser mon
estime à Albert : son extérieur tranquille contraste si parfaitement bien
avec la turbulence de mon caractère,
qu'il m'est impossible de le cacher ; il
est fort sensible, et il sait ce qu'il pos-
sède en Lolotte. Il paroît fort peu sujet
à la mauvaise humeur ; et tu sais que
c'est le péché que je hais dans un homme
plus que tous les autres.

Il me regarde comme un homme de

bon-sens ; et mon attachement pour
Lolotte , le vif intérêt que je prends
à toutes ses actions , augmente son
triomphe , il ne l'en aime que davantage. Je n'examine point s'il ne la tourmente pas dans le particulier par quelques petits mouvemens de jalousie ; à
sa place je ne serois pas trop rassuré ,
et je craindrois bien que le diable ne
me jouât quelque tour.

Quoiqu'il en soit, la joie que j'avois
à être auprès de Lolotte a disparu. Dirai-je que c'est folie ou aveuglement ?
Qu'importe le nom ? la chose s'explique
d'elle-même. Je savois , avant l'arrivée
d'Albert , tout ce que je sais aujour-
d'hui ; je savois que je ne devois avoir
aucune prétention sur elle, et je n'en
avois aucune.... s'entend , s'il est possible de ne sentir aucun désir auprès
de tant de charmes. A peine l'astre paroît effectivement , et enlève la belle ,
que voilà le nigaud resté avec de grands
yeux et un air stupide.

Je grince les dents en dépit de ma
misère ; et je me dépiterois doublement,
triplement contre ceux qui me diroient
que je dois prendre mon parti , et que ,
puisque la chose ne sauroit être autrement.... Au diable les raisonneurs !

E 3

Je rode dans les bois ; et quand je
m'approche de Lolotte, que je-vois
Albert assis auprès d'elle sous le berceau du petit jardin , et que je ne puis
aller plus loin , il me prend une joie
qui tient de la folie , et je leur fais
mille tours et mille singeries. « Au nom
» de Dieu, m'a-t-elle dit aujourd'hui,
» plus de scènes comme celle d'hier
» au soir ! vous êtes effrayant quand
» vous êtes si gai. » Entre nous , j'épie
le tems où il a affaire; je ne fais
qu'un saut jusques chez elle , et je suis
toujours content lorsque je la trouve
seule.

~~~~~~~~~~~~~~~~~~~~~

LETTRE XXVII.

Le 8 août.

De grace, cher Guillaume, crois que
je ne t'avois point en vue lorsque j'écri-
vois : *au diable les raisonneurs !* Je ne
pensois pas alors que tu dusses être du
même sentiment. Au fond, tu es raison.
Un mot seulement. Mon ami, dans le
monde, rarement nos affaires dépen-

dent-elles d'une alternative. Il y a autant de nuances entre les sentimens et
les façons d'agir, que de gradations entre
un nez plat et un nez aquilin.

Tu ne trouvera pas mauvais si, en te
concédant ton argument tout entier, je
tâche aussi de me sauver à travers les
alternatives.

Ou tu as quelques espérances sur Lolotte, me dis-tu, ou tu n'en as aucune.
Bon! dans le premier cas, cherche à le
remplir, cherche à embrasser tout ce qui
peut tendre à l'accomplissement de tes
desirs. Dans le second cas, ranime ton
courage, et cherche à te délivrer d'un
sentiment funeste qui ne peut que consumer tes forces. — Mon cher, cela est
bien dit, et... bientôt dit.

Peux-tu exiger d'un malheureux, qui,
en proie à une maladie de langueur,
voit sa vie se consumer insensiblement;
peux-tu exiger de lui qu'il termine,
tout de suite, son tourment par un
coup de poignard? et le mal qui détruit
ses forces, ne lui ôte-t-il pas en même-
tems le courage de s'en délivrer?

Il est vrai que tu pourrois me répondre, par une comparaison analogue à ce
que je dis: quel est l'homme qui n'aime-
roit pas mieux se laisser couper le bras,

si en balançant à le faire, il mettoit sa
vie en danger? Je ne sais. Mais nous ne
voulons pas nous piquer par des comparaisons. Bref. Oui, Guillaume, j'ai quelquefois de ces momens, où il me prend
des élans de courage pour secouer mes
maux; et si alors je savois où aller, j'irois
bien volontiers.

~~~~~~~~~~~~~~~~~~~~~~~

LETTRE XXVIII.

Le 10 août.

JE ne pourrois mener la vie la plus
douce et la plus heureuse, si je n'étois
pas un fou. Il n'est pas aisé de trouver,
pour réjouir le cœur d'un homme, le
concours de circonstances aussi favora-
bles que celles où je me trouve actuellement. Tant il est vrai, hélas! que notre
cœur fait seul son bonheur. Etre un des
membres de cette aimable famille, aimé
des parens comme un fils, des petits enfans comme un père, de Lolotte...... Et
cet honnête Albert, qui ne trouble mon
bonheur par aucune boutade, qui m'embrasse avec l'amitié la plus cordiale, et

pour qui je suis, après Lolotte, ce qu'il
a de plus cher au monde.... Guillaume,
c'est un plaisir de nous entendre,
lorsque nous allons à la promenade, et
que nous nous entretenons de Lolotte :
on n'a jamais rien imaginé dans le
monde de si plaisant que notre situation ; et cependant elle me fait souvent
venir les larmes aux yeux.

Quand il me parle comme cela de sa
digne mère, et qu'il me conte comme
étant au lit de la mort, elle remit sa
maison et ses enfans à Lolotte ; comme
elle lui recommanda à lui-même ; comme
depuis ce tems-là elle est animée d'un
tout autre esprit ; comme elle a pris à
cœur le soin du ménage, et s'est rendue
une véritable mère ; comme tous ses instans sont marqués par quelques preuves
de son amitié, ou quelques productions
de son travail ; et comme, malgré tout
cela, elle a su conserver toute sa vivacité et son enjouement ; je marche à son
côté, je cueille des fleurs qui se rencontrent sur mon passage ; je les assemble
avec beaucoup de soin en forme de bouquet ; puis... je les jette dans la rivière
qui coule aux environs, et je m'arrête à
les voir s'enfoncer insensiblement. Je ne
sais si je t'ai écrit qu'Albert restera ici,

E 5

et qu'il va obtenir de la Cour, où il est
fort aimé, un emploi d'un joli revenu.
J'ai vu peu de personnes qu'on puisse
lui comparer pour l'ordre et l'application dans les affaires.

~~~~~~~~~~~~~~~~~~~~~~~~~~~~~

LETTRE XXIX.

Le 12 août.

En vérité, Albert est le meilleur homme qui soit sous le ciel ; j'eus hier une
scène singulière avec lui. J'étois allé
chez lui pour prendre congé ; car il
m'avoit prit envie, pour changer, de
me promener à cheval sur la montagne,
d'où je t'écris même aujourd'hui. Comme j'allois et venois dans sa chambre,
j'apperçus ses pistolets : « Prête-moi,
» lui dis-je ces pistolets pour mon
» voyage.—De tout mon cœur, si tu
» veux bien prendre la peine de les
» charger, car pour moi je les ai seule-
» ment pendus ici *pro forma.* » J'en
pris un, Albert continua : « Depuis le
mauvais tour que ma joué ma prévoyance je ne veux plus avoir rien à démêler
avec cette arme. » Je fus curieux de

savoir cette histoire. « J'ai bien resté,
me dit-il, l'espace de six mois à la campagne chez un de mes amis ; j'avois une
paire de pistolets non chargés, et je
dormois sans inquiétude. Je ne sais
pourquoi une après-dînée qu'il faisoit
mauvais tems, et que j'étois assez désœuvré, il me vint dans l'esprit que
nous pourrions... Mais tu connois cela.
Je les donnai au domestique, et lui dis
de les nettoyer et de les charger. Il
badine, et veut faire peur à la fille. Je
ne sais par quel accident le pistolet part,
lance la baguette qui étoit dans le canon,
dans la main de la servante, et lui casse
le pouce. J'en fus pour les doléances, et
de plus pour les frais du chirurgien.
Depuis ce tems-là, je laisse toutes
mes armes déchargées. — Mon ami,
qu'est-ce que la prévoyance ? — Le danger ne se laisse point approfondir. »
—Cependant tu dois savoir comme
j'aime cet homme jusqu'à ses *cependant.*
En effet, cela ne s'entend-il pas de soi-
même, que toute règle générale a ses
exceptions ? Mais il est si juste, si
loyal, que quand il croit avoir dit une
chose hasardée, trop générale ou dou-
teuse, il ne cesse de limiter, modifier,
ajouter et retrancher, jusqu'à ce

E 6

qu'enfin il ne reste plus rien de la thèse en question. L'occasion étoit belle ; il s'enfonça fort avant dans le même texte, au point que je ne l'écoutai plus, je tombai dans une espèce de rêverie ; puis me levant comme en sursaut, j'appuyai le bout du pistolet sur mon front au-dessus de l'œil droit. « Fi donc ! » dit Albert, en me retirant le pistolet ? « qu'est-ce que cela veut dire ? — Il n'est point chargé. — Qu'importe ? Qu'est-ce que cela veut dire ? « répliqua-t-il d'un ton d'impatience. » Je ne puis me figurer comment un homme peut être assez fou pour se casser la tête. La seule pensée m'en fait horreur.

« Hommes que vous êtes, m'écriai-je, ne pouvez-vous donc parler de rien, sans dire d'abord : ceci est fou, et cela est sage ; ceci est bon, et cela est mauvais ? Qu'est-ce que tout cela signifie ? Avez-vous pour cela, examiné les motifs secrets d'une action ? Savez-vous démêler avec précision les causes pour lesquelles elle s'est faite, et pourquoi elle devoit se faire ? Si vous le saviez, vous seriez moins précipités dans vos jugemens. »

« Tu m'accorderas, dit Albert, qu'il y a certaines actions qui sont toujours vicieuses, quels qu'en soient les motifs. »

J'en convins en haussant les épaules.
« Cependant, mon ami, continuai-je,
cette règle a aussi quelques exceptions.
Il est vrai que le vol est un vice ; mais
un homme qui pour se sauver lui et les
siens de l'horreur de mourir de faim,
sort pour mar uder, est-il digne de
pitié, ou de punition ? Qui osera lever
la première pierre contre le mari qui,
dans le transport d'une juste colère,
immole une épouse infidelle, et son in-
fâme séducteur ; contre la jeune fille,
qui, dans l'instant d'un voluptueux dé-
lire, se perd dans les plaisirs fougueux
de l'amour ? Nos lois mêmes, ces froids
pédans se laissent toucher, et suspen-
dent le glaive de la justice.

« C'est toute autre chose, répliqua
Albert, puisqu'un homme que ses passions entraînent, perd absolument
l'usage de sa raison, et qu'on le regarde
comme un homme ivre ou un frénéti-
ques. » O homme raisonnables, m'é-
criai-je en souriant, ô passion ! ivresse !
frénésie ! vous voyez tout cela avec indifférence, sans aucun intérêt. Gens
de bonnes mœurs, vous blâmez l'ivro-
gne, vous regardez l'insensé avec horreur ; vous passez outre comme le prêtre,

et remerciez Dieu , comme le Pharisien,
de ce qu'il ne vous a pas faits comme
un de ces gens-là. Je me suis vu ivre
plus d'une fois, et mes passions n'ont
jamais été fort eloignées de la frénésie ,
mais je ne m'en repens pas , puisque j'ai
appris dans ma sphère à concevoir pourquoi l'on a toujours décrié comme ivre
et frénétique, tout homme extraordi-
naire qui opéroit quelque chose de grand,
ou qui paroissoit impossible.

» Et même dans la vie ordinaire , il
est insupportable d'entendre dire d'un
homme qui fait une action tant soit peu
honnête, noble ou inatendue: » Cet
homme est ivre ou fou. O hommes qui
n'êtes ni ivres ni fou, rougissez! « Voilà
encore de tes extravagances, dit Albert; »
tu outres tout; et au moins est-il sûr
que tu as tort ici de comparer aux grandes actions le suicide dont nous parlons,
et qu'on ne peut regarder que comme
une foiblesse; car enfin il est plus aisé
de mourir, que de supporter avec cons-
tance une vie remplie de tourmens ».

Peu s'en fallut que je ne rompisse la
conversation; car rien ne me met hors
de moi-même, comme de voir un homme m'opposer un lieu commun qui ne
signifie rien, lorsque je parle de l'abon-

dance du cœur. Je me contins cependant , car ce n'étoit pas la première fois que j'avois entendu raisonner de la sorte, et que j'en avois été indigné. « Peux-tu bien traiter cela de foiblesse ? lui répliquai-je avec un peu de vivacité. Eh , ne te laisses point séduire par l'apparence! Qu'un peuple gémisse sous le joug insupportable d'un tyran, peux-tu, si les esprits fermentent , et qu'il se soulève et brise ses chaînes , peux-tu appeler cela une foiblesse ? Un homme qui , dans l'effroi que lui cause le feu qui vient de prendre à sa maison , sent toutes ses forces tendues , et emporte sans peine des fardeaux que peut être il n'auroit pu remuer dans le calme de ses sens ; celui qui , furieux de se voir insulter , attaque six adversaires , et vient à bout de les vaincre , peuvent-ils être accusés de foiblesse ? Si celui qui peut bander un arc, est fort , pourquoi celui qui le rompt , méritera-t-il le nom contraire ? « Albert me regarda fixement , et me dit : » Avec ta permission , il me semble que les exemples que tu apportes , ne conviennent point ici » ? — cela peut être ; on m'a déjà reproché plus d'une fois que ma logique approche souvent du radotage. Voyons si nous ne pourrons pas d'une autre manière nous représenter quel doit être le sentiment d'un homme qui se détermine à jeter là le fardeau de la vie, en tout autre occasion si agréable à porter ; car ce n'est qu'autant que nous sentons la chose même, que nous pouvons en raisonner pertinemment.

« La nature humaine, poursuivis-je, a ses bornes : elle peut supporter la joie, la douleur, la tristesse jusqu'à un certain degré ; si elle le passe, elle succombe.

« La question n'est donc pas ici de savoir si un homme est fort ou foible, mais bien s'il peut supporter la mesure de ses maux ; il est indifférent que ce soit moral ou physique, et il me paroît aussi étonnant de dire que cet homme est un lâche, qui se prive de la vie, qu'il seroit déraisonnable de donner ce nom à celui qui meurt d'une fièvre maligne ».

« Paradoxe ! très-paradoxe ! s'écria Albert. » — Pas autant que tu l'imagines. Tu conviendras que nous appelons mortelle, toute maladie dont la nature est tellement saisie, que toutes ses forces épuisées, et n'ayant plus elle-même

aucune activité, elle se trouve hors
d'état de s'aider, et d'opérer aucune
heureuse révolution, pour rétablir le
cours ordinaire de la vie.

« Eh bien, mon cher, faisons la
même application à l'esprit. Vois cet
homme dans ses bornes étroites, comme les impressions agissent sur lui, comme les idées se fixent dans son esprit, jusqu'à ce qu'il s'élève dans son cœur une
passion dont les progrès le privent de la
saine raison, et finissent par l'atterrer.

« C'est en vain qu'un homme rai-
sonnable et de sang-froid contemple
la situation du malheureux ; c'est en
vain qu'il tâche de lui inspirer du courage ; semblable à l'homme en santé
qui se tient auprès du lit d'un malade,
et qui ne sauroit lui faire passer la plus
petite partie de ses forces.

Albert trouva que je généralisois trop
mes idées. Je lui rappelai une jeune
fille qu'on avoit depuis peu trouvée
morte dans l'eau, et je lui contai son
histoire. « Une jeune et innocente créature, qui n'avoit en vue d'autre plaisir
que de se parer quelquefois le dimanche
des habits qu'elle se donnoit de ses
épargnes, pour se promener avec ses
compagnes autour de la ville, peut-être

de danser une fois toutes les bonnes
fêtes, et qui du reste passoit quelques
heures à caqueter avec une voisine, sur
le sujet d'une dispute ou d'une médi-
sance; à qui un tempérament vif fait
enfin sentir des besoins plus pressans,
que les flatteries des hommes augmentent, trouve insensiblement tous ses
premiers plaisirs insipides : bientôt elle
rencontre un homme vers lequel un
sentiment inconnu l'entraîne malgré
elle, elle oublie tout le monde; elle
n'entend rien, ne voit rien que lui,
n'aspire qu'à lui seul. Non corrompue
par les vains plaisirs de l'inconstance,
ses desirs tendent droit au but; elle
veut devenir son épouse, elle prétend
trouver dans une union éternelle le
bonheur qui lui manque; elle veut y
goûter l'assemblage de tous les plaisirs
qu'elle souhaite avec ardeur. Promesses
réitérées qui semblent mettre le sceau à
ses espérances; caresses hardies, qui
augmentent l'ardeur de ses feux, assié-
gent toutes les avenues de son ame :
elle nage, pour ainsi dire, dans le
sentiment anticipé de tous les plaisirs :
le trouble de ses sens est à son comble,
et elle étend enfin les bras pour rece-
voir l'objet de tous ses desirs. Son amant

l'abandonne. Transie, éperdue, elle se
trouve sur le bord d'un précipice : tout
ce qui l'environne n'est que ténèbres ;
nulle perspective, nulle consolation ;
nul pressentiment : elle est abandonnée
du seul être qui lui faisoit sentir son
existence. Elle ne voit point le vaste
univers qui est sous ses yeux : elle ne
voit point mille personnes qui pourroient l'indemniser de ce qu'elle a perdu.
Elle ne sent qu'elle seule, qu'elle seule
délaissée de tout le monde. Aveuglée,
accablée de l'état horrible de son cœur,
elle se précipite, pour étouffer ses tour-
ments, dans le sein de la mort. Tu
vois, Albert, dans ce tableau, l'histoire de plus d'un malheureux : Eh bien,
n'est-ce pas le cas de la maladie ? La
nature ne trouve aucune issue pour se
tirer du labyrinthe des forces multipliées
qui agissent contre elle, et il faut que
l'homme meure.

« Malheur à celui qui diroit en la
voyant : L'insensée ! si elle eût attendu,
si elle eût laissé agir le tems, son déses-
poir se seroit appaisé, et bientôt elle
eût trouvé un consolateur.

» C'est comme si l'on disoit : L'insensé ! il meurt d'une fièvre ! s'il eût
attendu que ses forces se fussent réta-

blies, que ses humeurs se fussent cor-
rigées, et que le tumulte de son sang
se fut appaisé, tout auroit bien été,
et il vivroit encore aujourd'hui. »

Albert, qui ne trouva pas que la
justesse de la comparaison sautât aux
yeux, allégua encore plusieurs choses,
entr'autres, que je n'avois parlé que
d'une simple jeune fille : mais qu'il ne
concevoit pas comment on pouvoit ex-
cuser un homme d'esprit, qui étoit
moins borné, et qui découvroit d'un
coup-d'œil plus de rapports. « Mon
ami ! m'écriai-je, l'homme est homme,
et le peu d'esprit qu'on a ne peut guère
se mettre en ligne de compte, quand
une passsion fait les plus grands rava-
ges, et qu'on se trouve serré dans
les bornes étroites de l'humanité. Bien
plus. » — Nous parlerons de cela une
autre fois, lui-dis-je en prenant mon
chapeau. Mon cœur, hélas ! étoit si
plein ! Nous nous quittâmes sans nous
être entendus l'un l'autre, comme dans
ce monde il est bien rare qu'on s'en-
tende.

~~~~~~~~~~~~~~~~~~~~~~~~~~

LETTRE XXX.

Le 15 août.

Il est pourtant vrai que rien dans le
monde ne rend les hommes nécessaires
comme l'amour. Je sens en Lolotte
qu'elle me perdroit avec peine ; et les
enfans n'ont d'autre idée , sinon que je
viendrai toujours le lendemain. J'y étois
allé aujourd'hui pour accorder le clavecin de Lolotte ; mais je n'ai pu en
venir à bout : les enfans m'ont persé-
cuté pour avoir un conte de fée ; et
Lolotte a voulu elle-même que je les
contentasse. Je leur ai coupé leur goûter , qu'ils reçoivent actuellement de
moi aussi volontiers que de Lolotte , et
je leur ai conté le premier chapitre de
la princesse servie par des mains. J'ap-
prends beaucoup , je t'assure , dans ces
narrations , et je suis surpris de l'impression qu'elles font sur eux. Quand
il faut que je me rappelle quelqu'in-
cident , que j'oublie à la seconde fois ,
ils me disent : « Ce n'étoit pas l'autre

» fois la même chose. » Si bien que
je m'habitue à présent à réciter mes
histoires d'une manière invariable, en
affectant certaines chûtes cadencées et
suivies. J'ai vu par-là comment un
auteur, qui donne une seconde édition de son histoire avec des change-
mens, fût-elle poétiquement meilleure,
fait nécessairement du tort à son livre.
Nous nous prêtons volontiers à la première impression, et l'homme est fait
de manière qu'on peut lui persuader
les choses les plus extraordinaires ; et
elles s'attachent si fortement dans son
esprit, que malheur à quiconque voudroit les détruire ou les effacer.

LETTRE XXXI.

Le 18 août.

FALLOIT-IL donc que cela fût ainsi, que
ce qui constitue le bonheur de l'homme,
pût devenir la source de sa misère! Cette
sensibilité si vive, si expensive de mon
cœur pour la nature animée, qui m'inon-
doit comme d'un torrent de volupté, et

qui créoit du monde un paradis autour
de moi, s'est changée en un bourreau
cruel, en un esprit qui me tourmente et
me poursuit par-tout.

Lorsqu'autrefois du haut du rocher je
portois mes regards au-delà de la rivière,
pour contempler la vallée fertile et les
collines ; que je voyois tout germer et
soudre autour de moi ; toutes les montagnes couvertes, depuis leurs pieds jusqu'à leurs sommets, d'arbres hauts et
touffus, toutes les vallées ombragées
dans leurs enfoncemens inégaux, de forêts riantes ; tandis que la rivière cou-
loit tranquillement et avec un doux murmure à travers les roseaux, et réfléchis-
soit dans son cristal les nuages bigarrés
qu'un doux zéphir amenoit et balançoit
dans l'air ; lorsque j'entendois les oiseaux
animer la forêt (de leurs chants), tandis que des milliers de moucherons
dansoient à l'envie dans ce trait de lumière purpurine, que produisent les
derniers rayons de soleil, et qu'à son
dernier aspect, le hanneton, que sa
présence avoit tenu caché sous l'herbe,
prenoit l'essor, et s'élevoit en bourdon-
nant ; lors, dis-je, que cette végétation
universelle fixoit mon attention sur le
sol, et que la mousse, qui arrachoit sa

nourriture à la dureté du roc, les char-
dons et autres herbes, que le sable aride
produisoit le long de la colline, me dé-
couvroient cette source sacrée, cet
ardent foyer de vie caché dans le sein
de la nature, avec quel transport mon
cœur embrassoit, saisissoit tous ces objets! Je me perdois dans leur multipli-
cité infinie, et les formes majestueuses
de cet immense univers sembloient vi-
vre et se mouvoir dans mon ame. Des
montagnes effrayantes m'environnoient;
j'avois devant moi des abimes, où je
voyois des torrens se précipiter; les ri-
vières couloient sous mes pieds, et j'entendois les monts et les forêts retentir;
je voyois toutes ces forces impénétrables
agir les unes sur les autres, et former
tout dans les profondeurs de la terre.
Sur cette terre et sous le ciel fourmillent
toutes les races des créatures; et tout,
tout se multiplie sous mille formes différentes. Et les hommes! ils s'enferment
dans de petites maisons, ils s'y accom-
modent, et règnent dans leur imagination
sur tout l'univers. Pauvre insensé que
tu es, de mesurer tout à ta propre peti-
tesse! Depuis la montagne inaccessible,
jusqu'au désert que nul pied n'a foulé,
jusqu'au dernier rivage de l'océan in-

connu,

connu, l'esprit de celui qui crée de toute éternité, anime tout de son haleine, et voit avec plaisir chaque grain de poussière, qui le conçoit et vit. Hélas ! combien de fois n'ai-je pas desiré avec ardeur de traverser sur les ailes de la grue qui voloit sur ma tête, l'immensité de l'espace, pour boire à la coupe écumante de l'Eternel, ce nectar toujours renaissant de la vie, et savourer un seul moment, autant que les forces limitées de mon cœur pourroient me le permettre, une goutte de la félicité de cet être, qui produit tout en lui et par lui !

Mon cher, le seul souvenir de ces heures me fait plaisir ; la joie que je sens à me rappeler ces élans de l'imagination, ces sensations indicibles à t'en parler, élève mon ame au-dessus d'elle-même, et me fait sentir doublement l'angoisse de l'état où je suis.

Il s'est élevé comme un voile au devant de mon ame, et le spectacle de l'éternité s'offre et disparoit alternativement à mes yeux dans l'abîme toujours ouvert du tombeau. Peux-tu dire : cela est, quand tout passe et roule avec la rapidité de la foudre, et que chaque être arrive si rarement au bout

de la carrière que ses forces sembloient
lui promettre de fournir, entraîné, hélas ! par le courant, submergé, et
brisé contre l'écueil ? Il n'y a point ici
un seul instant qui ne te consume toi
et les tiens ; pas un seul instant où tu
ne sois, où tu ne doive être un des-
tructeur. Ta moindre promenade coûte
la vie à des milliers d'insectes ; un pas
détruit les cellules qui coûtent tant de
peines aux malheureuses fourmis, et
écrase un petit monde, qu'il plonge
indignement dans le tombeau. Ah ! ce
ne sont pas les grandes et rares révolutions de l'univers, ces tremblemens
de terre qui engloutissent vos villes ;
ce n'est point tout cela qui me touche :
ce qui mine mon cœur, c'est cette force de
consomption cachée dans le grand tout
de la nature, qui n'a rien formé qui
ne se détruise de soi-même, et ce qui
l'avoisine. C'est ainsi que je chancelle
au milieu de mes inquiétudes. Ciel,
terre, forces diverses qui se meuvent
autour de moi, je n'y vois rien qu'un
monstre occupé éternellement à englou-
ir et à ranimer !

~~~~~~~~~~~~~~~~~~

LETTRE XXXII.

Le 20 août.

C'EST en vain qu'à l'aube du jour,
lorsque je commence à m'éveiller après
des rêves sinistres, j'étends les bras vers
elle; c'est en vain que je la cherche la nuit
dans mon lit, lorsque, trompé par un
songe heureux et innocent, je crois être
assi auprès d'elle sur le pré, tenir sa
main, et la couvrir de mille baisers.
Hélas! lorsqu'encore à demi-étourdi de
sommeil, je tâtonne pour la saisir, et
que je m'éveille..... Hélas! l'oppression
de mon cœur fait couler de mes yeux
un torrent de larmes, et je gémis désespéré d'un avenir qui ne m'offre que
…… res.

~~~~~~~~~~~~~~~~~~~~~~~~~~~~~~~~~

LETTRE XXXIII.

Le 22 août.

C'est une fatalité, Guillaume! Toutes
mes facultés actives sont destinées à
une inquiète oisiveté; je ne saurois
rester désœuvré, et il m'est impossible
de rien faire. Je n'ai aucune imagination, aucune sensibilité pour la nature,
et tous les livres me causent du dé-
goût. Quand nous nous manquons à
nous-même, tout nous manque. Je te
le jure, mille fois je desirerois d'être
un journalier, pour avoir le matin,
quand je m'éveille, une perspective,
un attrait, une espérance pour le jour
suivant. J'envie souvent le sort d'Albert,
que je vois enterré dans les actes jusqu'aux oreilles, et je m'imagine que je
serois heureux à sa place! Je suis même
si frappé de cette idée, que plus d'une
fois il m'a pris envie de t'écrire, ainsi
qu'au ministre, pour demander cette
place à l'ambassade, qui, comme tu l'as-
sures, ne me serois point refusée. Je crois

moi-même que le ministre m'aime depuis
long-tems: et il y a long-tems qu'il m'a
dit que je devrois m'employer, il y a des
instans où je le ferois avec plaisir; mais
ensuite, quand j'y réfléchis, et que je
viens à me rappeler la fable du cheval, qui, impatient de sa liberté, se
laisse seller, brider et surmener... je
ne sais ce que je dois faire... Eh, mon
ami! ne seroit-ce pas en moi ce mouvement intérieur qui me porte à changer
de situation, une impatience insupportable qui me poursuivra partout?

LETTRE XXXIV.

Le 28 août.

J'AVOUE que si quelque chose pouvoit
guérir ma maladie, ces gens-ci le feroient. C'est aujourd'hui le jour de
ma naissance, et j'ai reçu de grand matin un petit paquet de la part d'Albert.
La première chose qui a frappé mes yeux
à l'ouverture, ç'a été un des nœuds de
couleur de rose que portoit Lolotte lorsque je fis sa connoissance, et que je lui

F 5

avois depuis demandé plusieurs fois. Il
y avoit deux petits livres *in-12*, le petit
Homère , de l'édition de Wetstein, que
j'avois tant de fois souhaité, pour n'être
pas chargé de celui d'Ernesti, quand je
vais à la promenade. Tu vois ! c'est ainsi
qu'ils vont au-devant de mes souhaits ,
et qu'ils cherchent à me témoigner ces
petites complaisances de l'amitié, mille
fois plus précieuses que ces présens ma-
gnifiques, par lesquels la vanité de celui
qui les fait nous humilie. Je baise mille
fois ce nœud ; et à chaque trait de res-
piration, j'avale le souvenir de cette
béatitude dont m'a comblé ce peu de
jours , ces jours fortunés , ces jours qui
ne peuvent revenir. Guillaume, c'est
une vérité, et je n'en murmure point ;
les fleurs de la vie ne sont que de vaines
apparitions : combien se passent sans
laisser après elles la moindre trace ! combien peu produisent des fruits ! et combien
peu de ces fruits parviennent à la matu-
rité ! Et cependant il en est encore assez ;
et... ô mon frère ! pouvons-nous négli-
ger des fruits mêmes , les dédaigner ,
n'en pas jouir , les laisser se flétrir et se
corrompre ?

Adieu. L'été est magnifique ; je me
perche quelquefois sur les arbres frui-

tiers dans le jardin de Lolotte, le cueil-
loir à la main; j'abats les poires les plus
hautes; elle se tient dessous, et les re-
çoit à mesure que je les lui descends.

~~~~~~~~~~~~~~~~~~~~~~~~~

LETTRE XXXV.

MALHEUREUX! n'es-tu pas fou?
ne te trompes tu pas toi-même? Où te
conduira cette passion fougueuse et
sans fin? Je n'adresse plus de prières
qu'à elle; aucune forme ne frappe plus
mon imagination que la sienne; et tout
ce qui m'environne dans le monde, je
ne le vois plus qu'en liaison avec elle,
et cela me procure quelques heures de
bonheur. Jusqu'à l'instant où il faut
que je m'arrache de sa présence, ah!
Guillaume, où m'emporte souvent mon
cœur? Lorsque je suis resté assis deux,
trois heures auprès d'elle à repaître mes
yeux et mes oreilles de ses grâces, de
son maintien et de l'expression céleste
de ses paroles; que mes sens se tendent
insensiblement, que ma vue s'obscur-

cit , que je n'entends plus qu'à peine ,
que ma gorge se serre , comme si j'étois
saisi par quelqu'assassin , alors mon
cœur bat d'une étrange manière ; pour
donner de l'air à mes sens suffoqués,
et ne fait qu'en augmenter le désordre.
Guillaume , bien souvent je ne sais plus
si je suis au monde ; et à moins que je
ne me trouve accablé tout-à-fait, et
que Lolotte ne m'accorde la triste
consolation de soulager mon cœur
oppressé en arrosant sa main de mes
larmes , il faut que je sorte ! il
faut que je m'éloigne ! et je cours comme
un vagabond dans les champs. Alors
c'est un plaisir pour moi de gravir une
montagne escarpée , de m'ouvrir un
chemin à travers une forêt impraticable,
à travers les haies qui me blessent, à
travers les épines qui me déchirent.
Alors je me trouve un peu mieux , un
peu ; et lorsque succombant à la
lassitude et à la soif, je reste en chemin , quelquefois dans la nuit pro-
fond , lorsque la pleine lune brille
sur ma tête, qu'au milieu d'une forêt
solitaire je me perche sur un arbre tor-
tueux , pour procurer au moins quelque soulagement aux plantes de mes
pieds écorchés , et que dans un repos

inquiet je sommeille à la lueur du cré-
puscule..... O Guillaume ! la demeure
solitaire d'une cellule, un vêtement de
bure et un cilice, sont des consolations
auxquelles mon ame aspire. Adieu. Je
ne vois à toutes ces misères d'autre
fin que le tombeau.

~~~~~~~~~~~~~~~~~~~~~~~~~

LETTRE XXXVI.

Le 5 septembre.

Il faut que je parte. Je te remercie,
Guillaume, d'avoir fixé mes incertitu-
des. Voilà déjà quinze jours que je mé-
dite le projet de la quitter. Il le faut.
Elle est encore une fois à la ville chez
une amie. Et Albert.... Et.... il faut que
je parte.

Fin de la première Partie.

www.ingramcontent.com/pod-product-compliance
Lightning Source LLC
Chambersburg PA
CBHW060629100426
42744CB00008B/1564